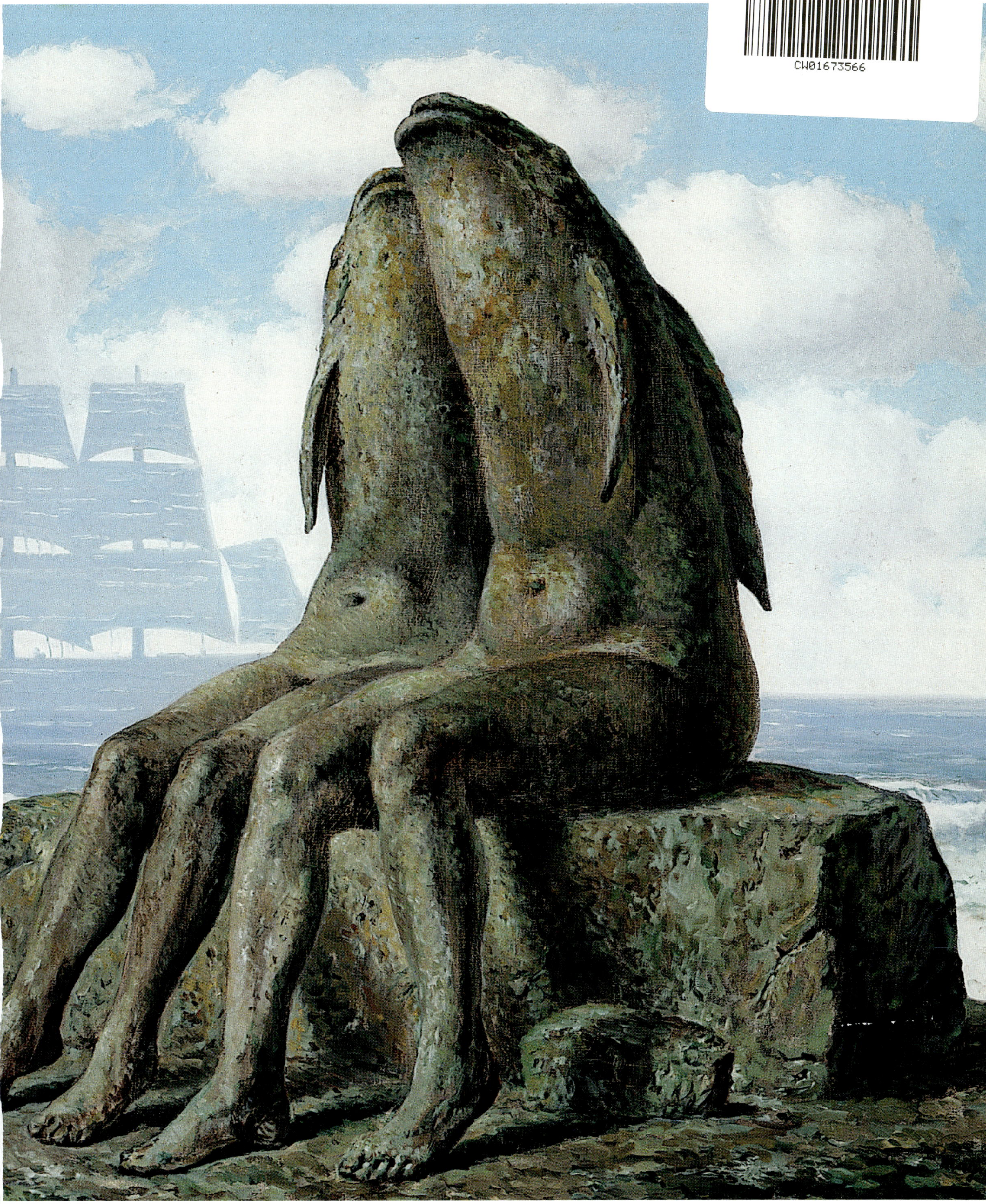

Ci-contre :
Ceci n'est pas une pomme,
1964, huile sur panneau,
142 x 100 cm,
collection particulière.

Page de droite :
Le Principe d'incertitude,
1944, huile sur toile,
65 x 50 cm,
collection particulière.

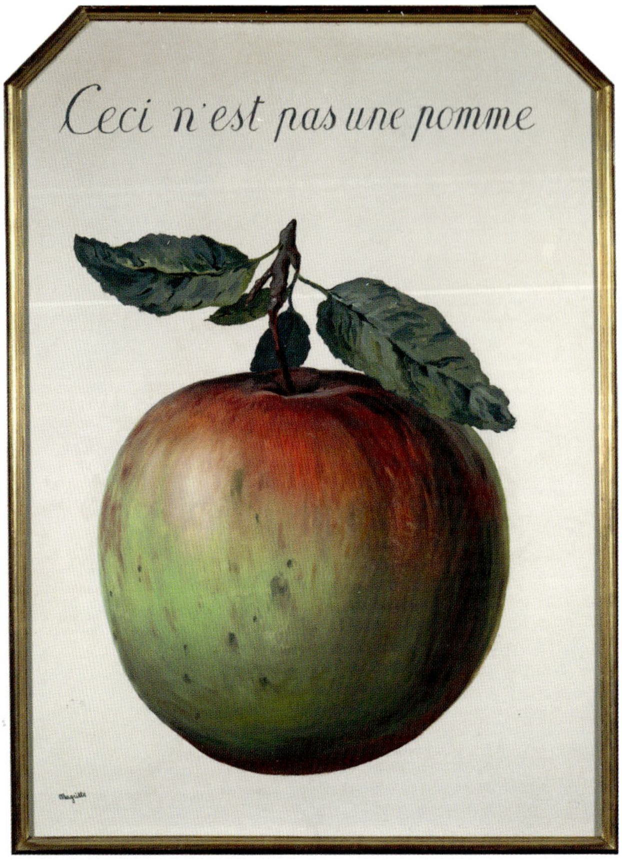

René Magritte

Celui-ci n'est pas un peintre

L'exposition « Magritte. La trahison des images » propose une nouvelle lecture de l'œuvre de René Magritte (1898-1967). L'objectif ? Montrer que le peintre a trop souvent été réduit à son statut d'artiste surréaliste, occultant ainsi la richesse et la complexité de ses préoccupations plastiques et philosophiques. Décryptage avec Didier Ottinger, commissaire de l'exposition présentée au Centre Pompidou.

PAR VALÉRIE BOUGAULT

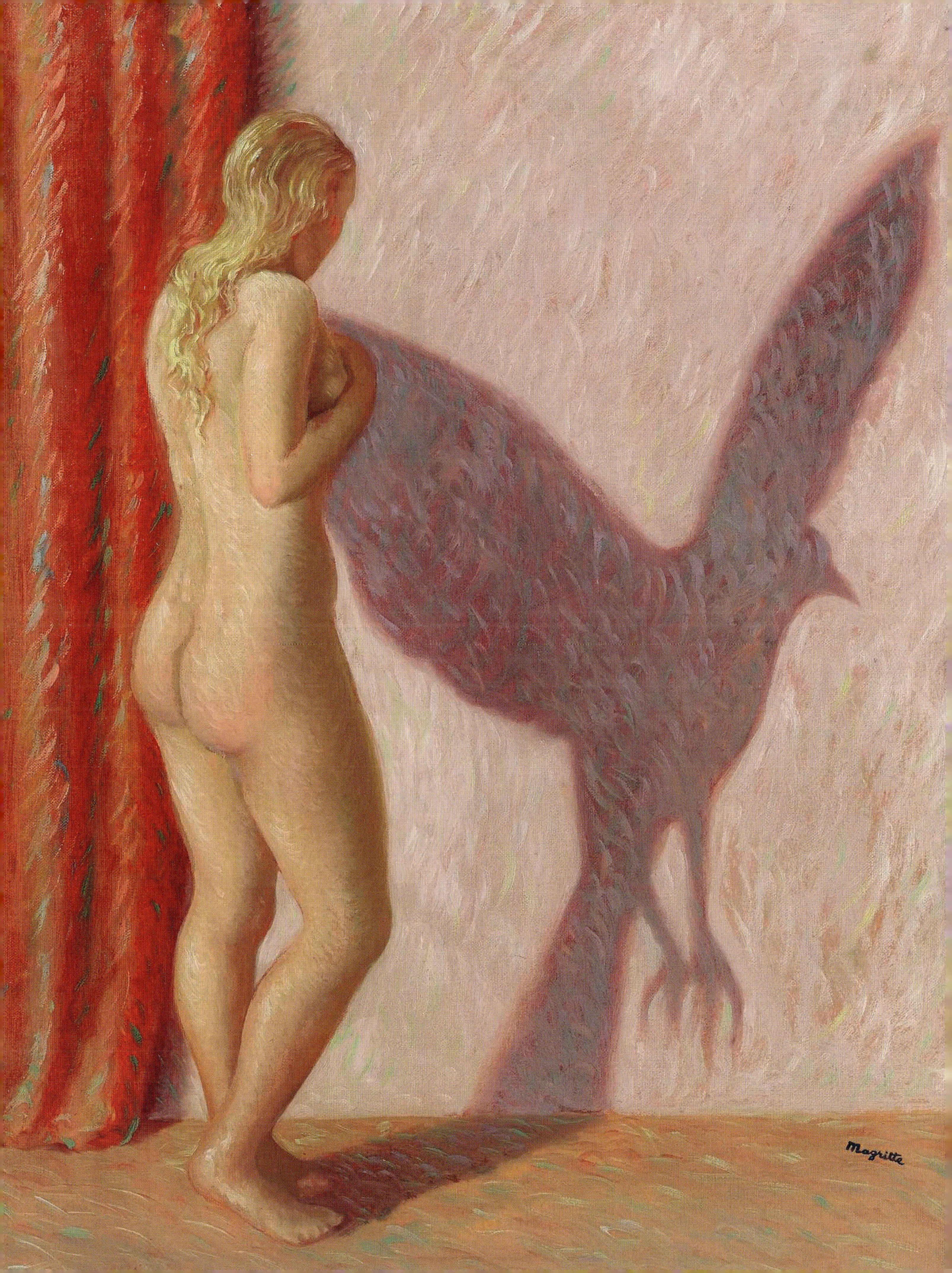
Magritte

Celui-ci n'est pas un peintre

● **En proposant au public du Centre Pompidou une exposition consacrée au peintre René Magritte, vous revendiquez une approche inédite et une lecture renouvelée du travail de cet artiste. Comment a-t-on vu son œuvre jusqu'à présent ?**
Le grand public reste attaché à la vision d'un Magritte surréaliste. L'exposition présentée il y a deux ans au Museum of Modern Art de New York, puis à Chicago et à Houston, confortait cette vision. Elle avait fait le choix de la période qui est celle du contact le plus étroit de Magritte avec le surréalisme parisien. Cette lecture restrictive de son œuvre ignorait non seulement la spécificité du surréalisme belge, dont les idées, l'esthétique de Magritte sont entièrement redevables, mais négligeait aussi la partie de son œuvre postérieure à sa rupture avec le surréalisme. Cette vision, au fond académique, a contribué à faire de Magritte un surréaliste parmi d'autres. Magritte est trop à l'étroit sous ce petit chapeau...

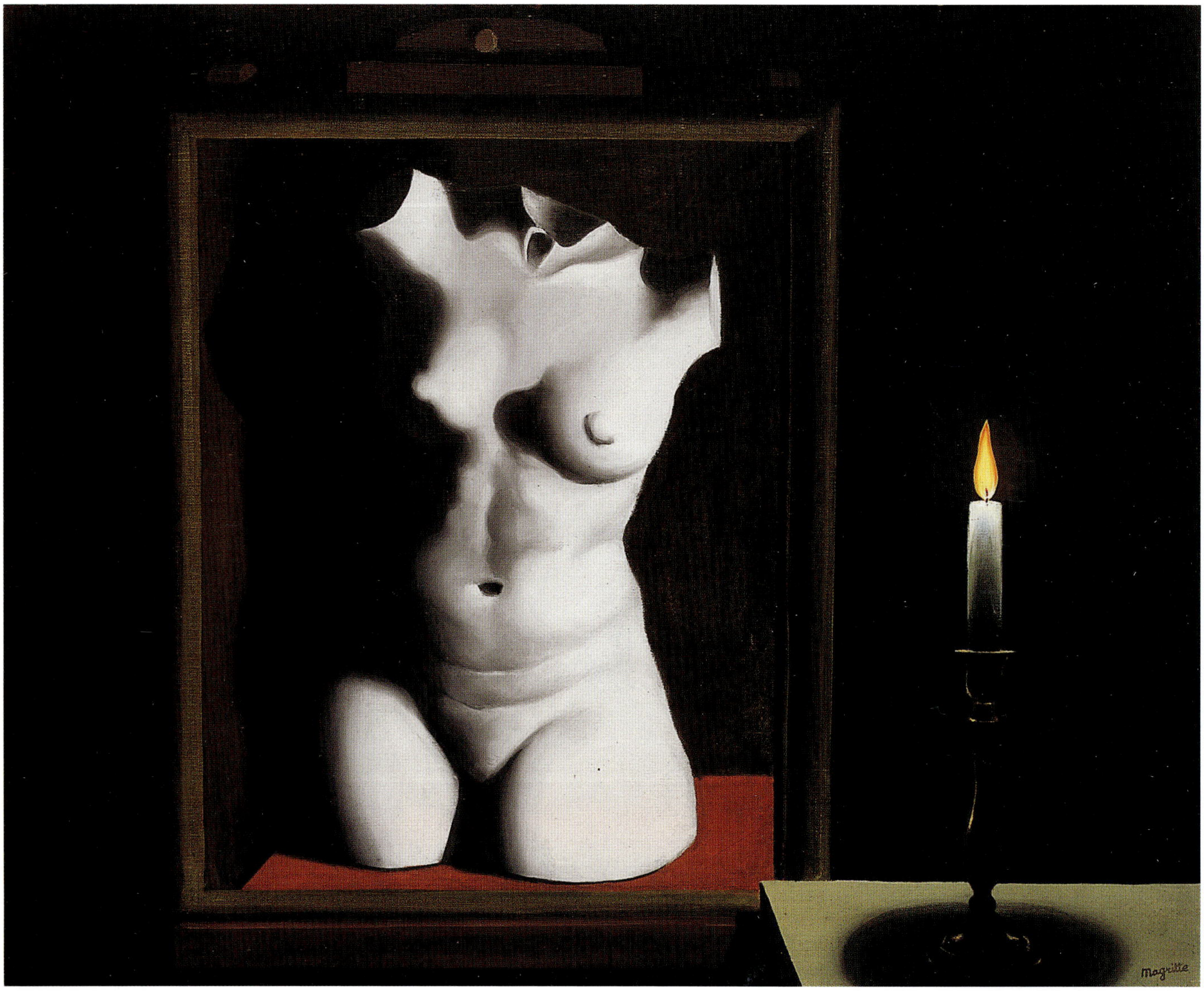

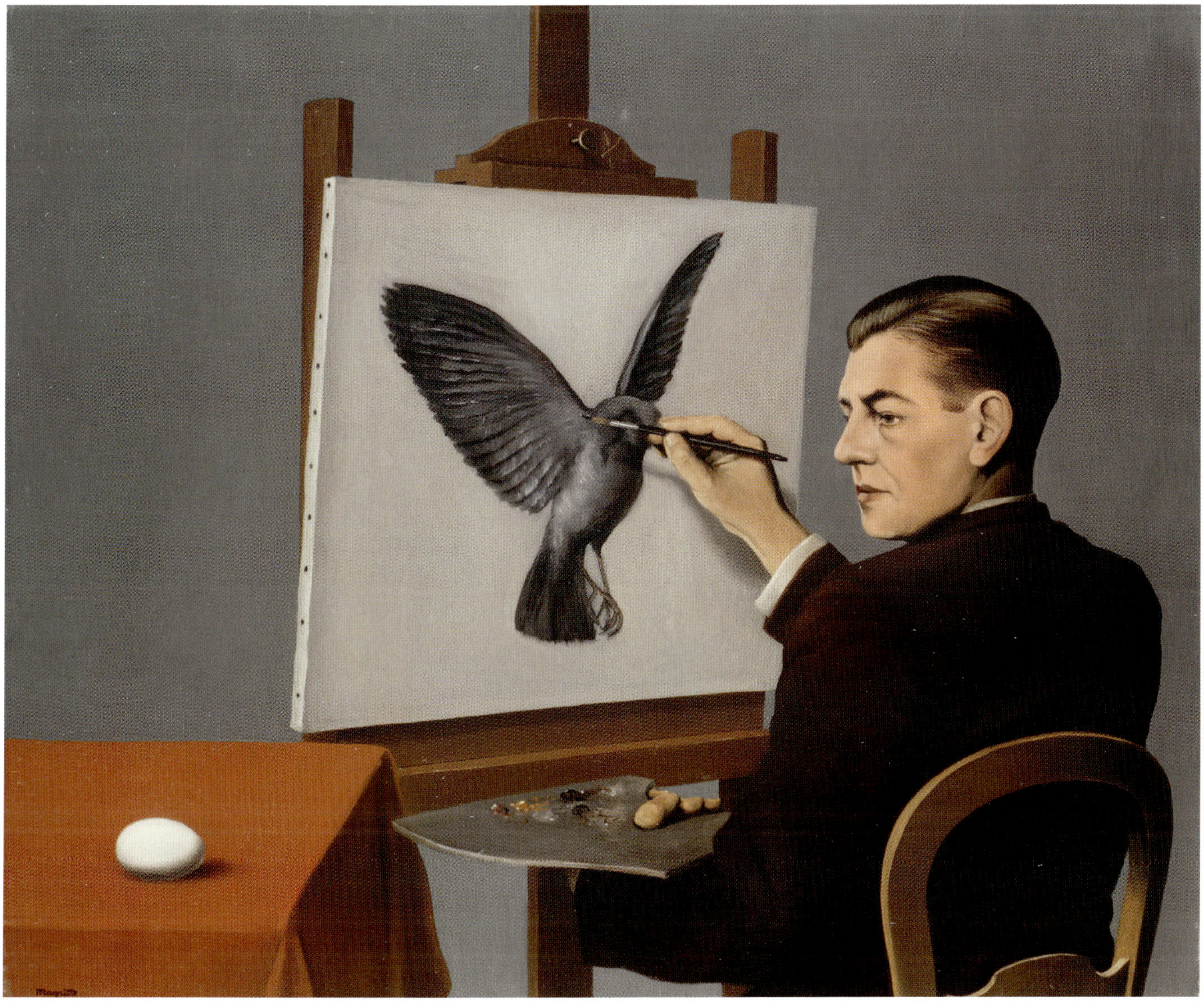

Quel est donc le Magritte qui vous intéresse ? Et pourquoi ce titre, « La trahison des images » ?
Ce titre renvoie à l'un des tableaux les plus célèbres de Magritte, peint en 1929. Il illustre et condense l'angle philosophique que nous avons choisi de mettre en lumière par cette exposition. La « trahison » en question dit le mépris, la condamnation des images par les philosophes, cela pratiquement depuis l'origine de la philosophie, et particulièrement pour la tradition issue de l'idéalisme platonicien. Dès 1936, Magritte semble préoccupé par cette question du statut des images dans la tradition philosophique. Cette préoccupation devient pour lui centrale lorsqu'au début des années 1950, il entre en contact avec des philosophes, avec Alphonse De Waelhens d'abord, avec Chaïm Perelman plus tard, avec Michel Foucault enfin, avec lequel il commence à correspondre en 1966.

Qu'est-ce qui préoccupe tant Magritte ?
Certainement le fait que, de Platon à Hegel, les philosophes ont affirmé, imposé comme une évidence, que la peinture entretenait avec la vérité une relation faussée, qu'elle était par nature fallacieuse. Alliant culot gigantesque et ingénuité tactique, Magritte a voulu prouver aux philosophes, comme il avait tenté de le faire auprès des poètes dans les années 1930, que la peinture pouvait occuper un rang égal au verbe dans la transposition de la vie de l'esprit.

Comment va-t-il mener ce combat ?
Il rappelle que c'est du côté des hiéroglyphes, des pictogrammes, qu'on trouve les premières formulations d'un vocabulaire articulé... Avant les mots, les images ont donc permis d'exprimer la pensée. D'où ses références récurrentes à des écritures de forme hiéroglyphique. Le seul philosophe contemporain qui le prendra au sérieux sur ce point est Foucault qui, dans

Ci-dessus :
La Clairvoyance,
1936, huile sur toile,
54 x 65 cm,
collection particulière.

Page de gauche :
La Lumière des coïncidences,
1933, huile sur toile, 60 x 73 cm,
Dallas, Dallas Museum of Art.

Celui-ci n'est pas un peintre

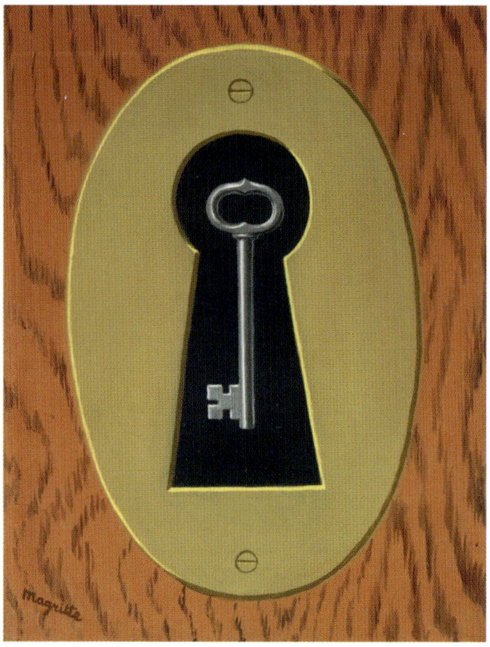

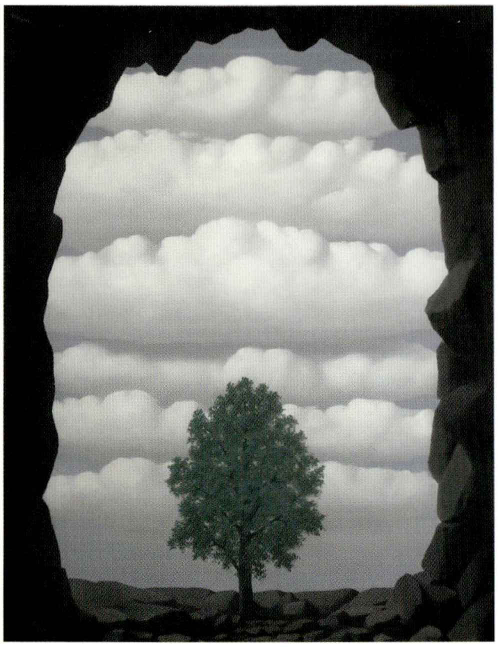

son essai *Ceci n'est pas une pipe* (1973), dissèque le principe d'équivalence entre mots et images proposé par Magritte.

Comment allez-vous rendre intelligible pour le public de l'exposition cette préoccupation essentielle de Magritte ?
La première salle de l'exposition montre le passage d'une peinture marquée par le surréalisme à celle qui se réclame d'une méthodologie : un moment de bascule que Magritte décrit lui-même dans une conférence, « La ligne de vie », qu'il donne en 1938 au Musée royal des Beaux-Arts d'Anvers. Il y fait le récit de l'évolution de son œuvre. Sa première période, explique-t-il, découle directement de sa découverte du *Chant d'amour* de Giorgio De Chirico, un tableau mythifié par nombre de surréalistes qui lui attribuent leur révélation de ce que peut être le surréalisme en peinture. Magritte se satisfait un temps de la définition de la beauté arbitraire du tableau de Chirico, variation sur la fameuse *« rencontre du parapluie et de la machine à coudre sur une table de dissection »*. À partir de 1936, Magritte nous dit que son art change de nature, pour s'attacher à la résolution de « problèmes ». Pour appuyer son propos, il évoque son tableau *Les Affinités électives.* Référence directe au roman de Goethe, l'œuvre montre un œuf prisonnier d'une cage. Elle témoigne que Magritte a tourné la page des « rencontres fortuites », des rapprochements arbitraires. Sa peinture sera réfléchie, méthodique. Notons au passage qu'il date son tableau de 1936, alors qu'il l'a peint en 1932. Erreur, ou volonté de masquer la date d'une évolution qui minore, s'il en était encore besoin, la chronologie de son orthodoxie surréaliste ?

Comment illustrer le questionnement philosophique qui travaille l'œuvre de Magritte ?
Nous avons choisi de placer ses œuvres en relation avec cinq mythes ou récits antiques qui constituent la trame thématique de l'exposition. Chacun d'eux s'attache à une question portant sur l'origine de la représentation, la nature du beau, la « trahison » des images... À aucun moment Magritte n'a dit ou écrit qu'il avait « illustré » ces récits. À de nombreuses reprises cependant, il y renvoie explicitement. Le premier d'entre eux est le mythe de la caverne de Platon : des prisonniers, enchaînés au fond d'une grotte, prennent pour la réalité les ombres qu'un feu projette sur la paroi de la cavité. Dans cette allégorie, Platon décrit nos représentations du monde, notre rapport problématique à la vérité. Magritte a directement illustré ce conte philosophique. Il en a isolé et recomposé

Ci-dessus de gauche à droite :
Le Sourire du diable,
1966, huile sur toile,
40 x 30 cm,
collection particulière,
courtesy Brachot Gallery,
Bruxelles.

Le Souvenir déterminant,
1942, huile sur toile,
64,5 x 50 cm,
collection particulière.

Page de droite de haut en bas :
Les Charmes du paysage,
1928, huile sur toile,
54 x 73 cm,
Londres, collection particulière.

L'Aimable Vérité,
1966, huile sur toile,
88,9 x 130,2 cm,
Houston, The Menil Collection.

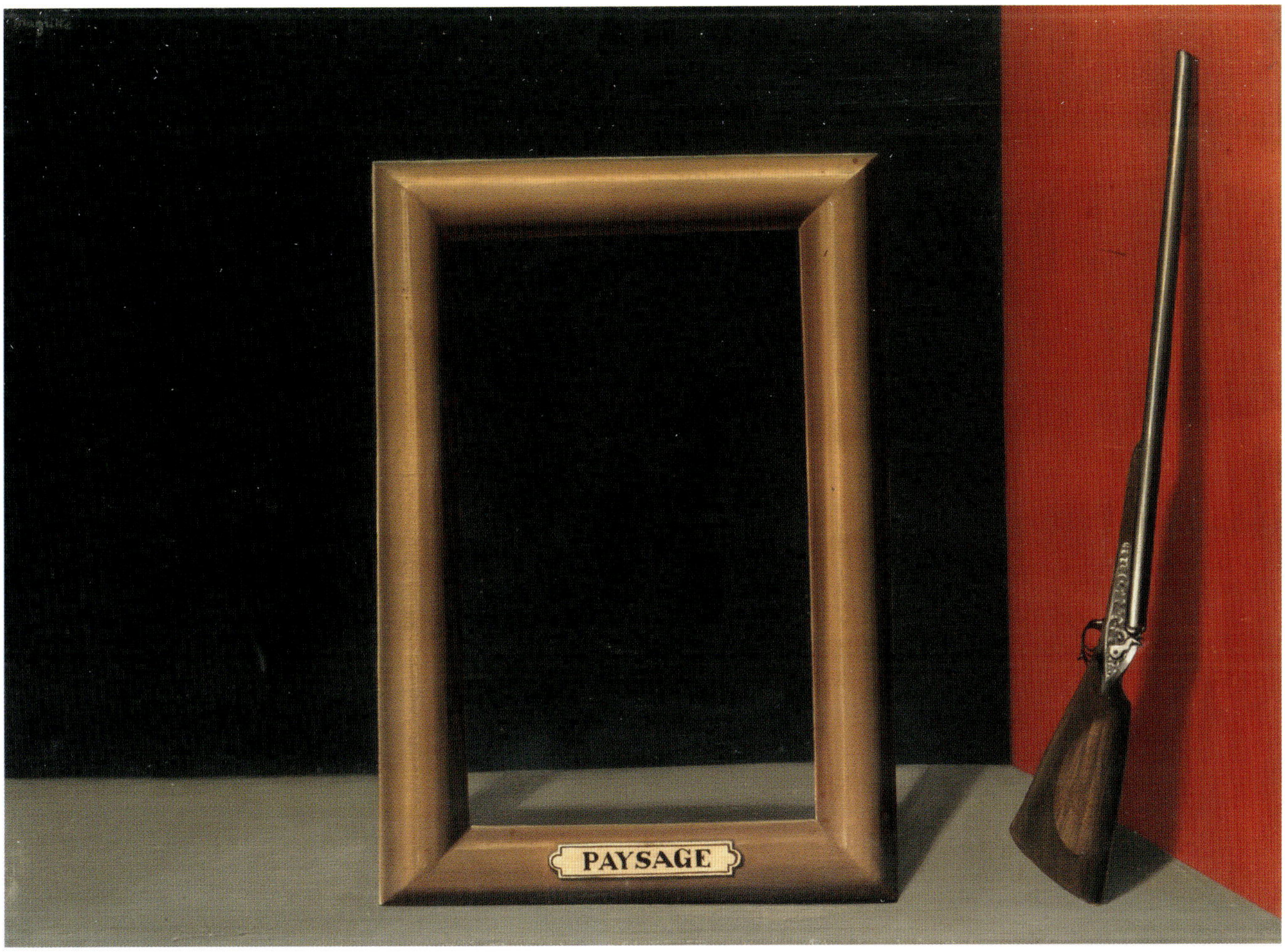
PAYSAGE

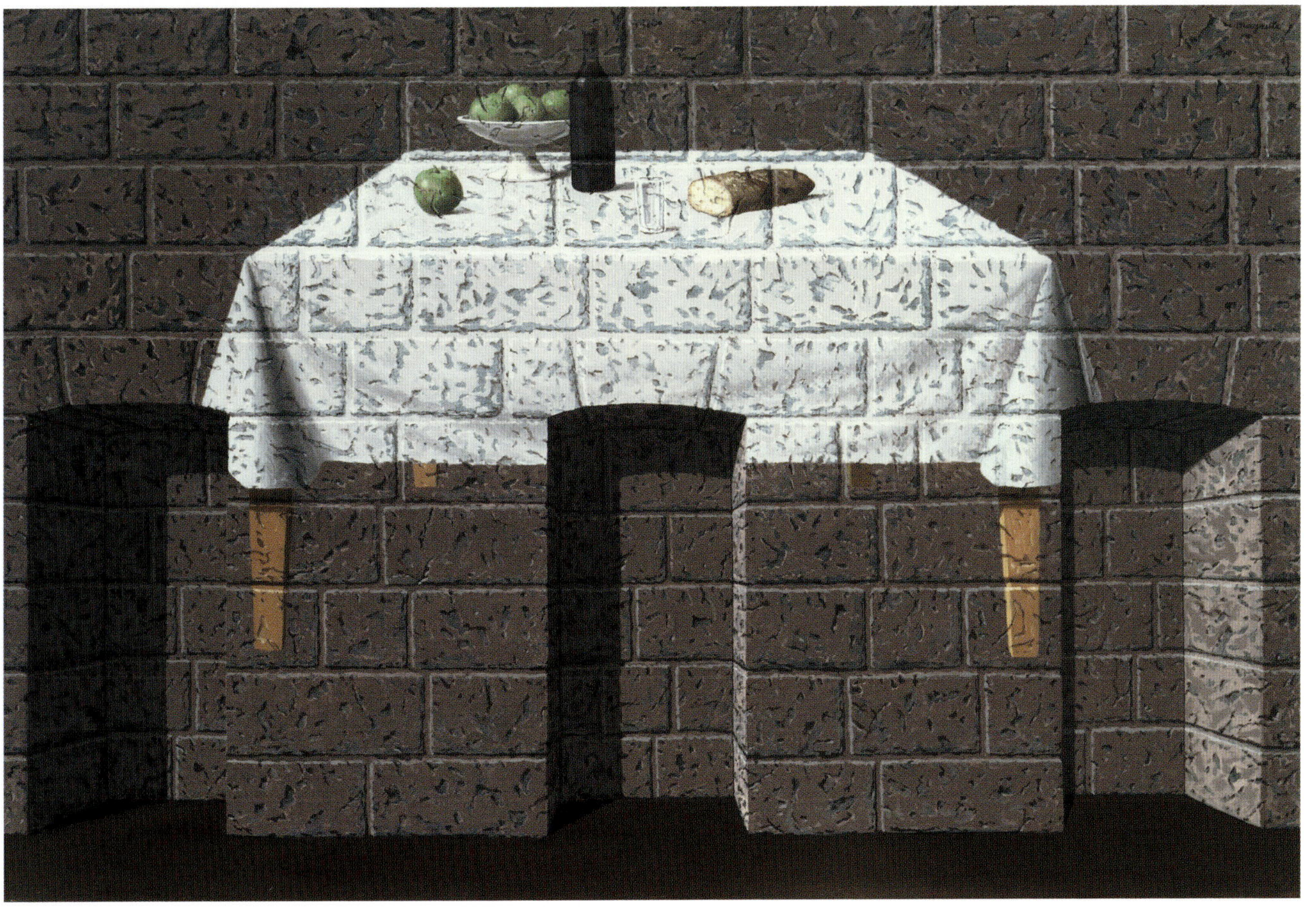

Celui-ci n'est pas un peintre

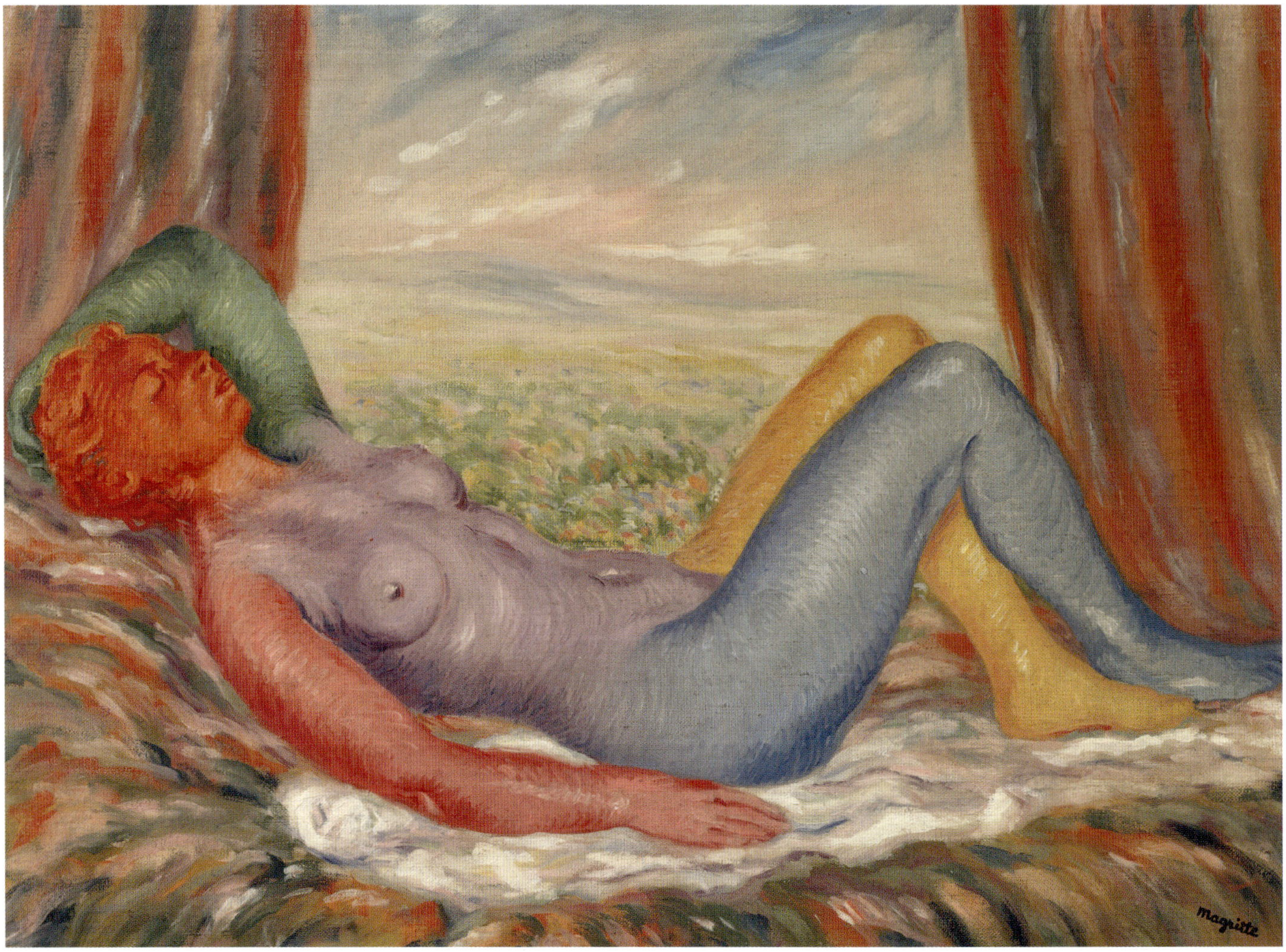

les éléments constitutifs : le feu, la grotte, la vision produite depuis un espace intime et clos (maison, porte, fenêtre...).

Quels sont les autres éléments de ce vocabulaire iconographique, de cet « alphabet » visuel auquel se tient Magritte ?

Outre le feu, il faut mentionner son usage des mots. Ils sont présents dans sa peinture dès 1927. Les mots sont les plus anciens, les plus tenaces rivaux et contempteurs des images. Le moment le plus dramatique de leur histoire commune est évidemment l'épisode biblique des Tables de la Loi : Moïse, qui vient de recevoir l'écriture divine, s'indigne de voir son peuple adorer un veau d'or, s'adonner au culte des images... Les ombres sont omniprésentes dans les tableaux de Magritte. Ceux-ci sont, dans l'exposition, mis en relation avec le texte de Pline l'Ancien relatant l'invention de la peinture.

Une autre salle est consacrée aux rideaux, autre élément fondamental du vocabulaire de Magritte. Ils renvoient à un autre épisode de l'histoire de la peinture rapporté par Pline l'Ancien : celui de la querelle des deux plus grands peintres de l'antiquité : Zeuxis et Parrhasius. L'exposition se conclut avec une autre obsession de Magritte, celle de la fragmentation anatomique. Le corps morcelé de *L'Évidence éternelle* rappelle une définition de la beauté idéale et composite imaginée par Zeuxis, au cours de l'épisode des *Filles de Crotone* que rapporte Cicéron.

En lien avec chaque salle, vous présentez une œuvre ancienne, qui entre en résonance avec les tableaux de Magritte. Qu'apportent-elles au propos ?

Ces tableaux anciens renvoient à l'iconographie canonique liée à chacun de ces récits. Ils en constituent la traduction visuelle. *Le Veau d'or* d'après Poussin illustre l'épisode biblique, une nature morte de Zurbarán rappelle

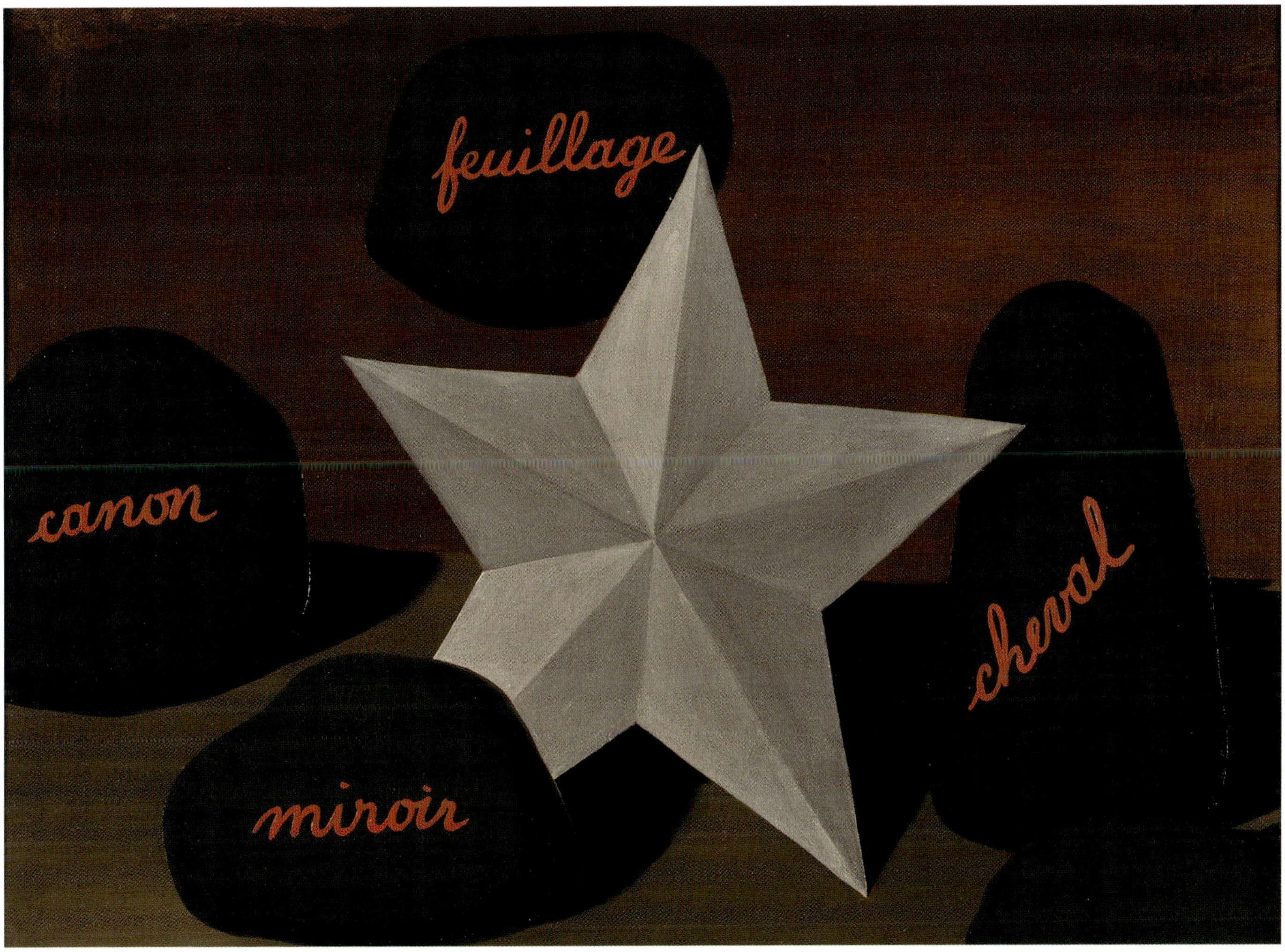

les oiseaux de Zeuxis... Ces œuvres appartiennent à un âge classique, pour lequel la peinture était une expression de l'idée, sa transposition savante. En ce sens, la peinture était « conceptuelle », « chose mentale » comme le disait Léonard de Vinci, notion qui a été perdue de vue par une culture visuelle moderne qui attache plus d'importance à la main de l'artiste qu'à son génie appliqué à la transposition plastique des Idées. Chacun des chapitres de l'exposition comporte trois éléments : un texte de référence, le tableau ancien qui en constitue la traduction visuelle et les œuvres de Magritte qui s'y rapportent. Liberté est toutefois laissée aux visiteurs de voir les œuvres de Magritte pour elles-mêmes, hors de l'argumentaire qui a prévalu à leur rapprochement.

Avez-vous le sentiment, avec cette exposition, de libérer Magritte d'un carcan où on l'aurait enfermé, celui d'un peintre avant tout et toujours surréaliste ?

Magritte n'a cessé de dénoncer l'inconscient ; avec ses amis belges, il a précocement combattu l'automatisme... Ces réserves devraient suffire à faire de lui un « surréaliste » des plus approximatifs... Son opposition au surréalisme est ontologique, c'est l'opposition d'un peintre à un mouvement de poètes qui, par nature et par conviction philosophique (hégélienne), croient à la prééminence des mots sur les images.

Ci-dessus :
Querelle des universaux,
1928, huile sur toile,
53,5 x 72,5 cm,
Paris, Centre Pompidou,
musée national d'Art moderne.

Page de gauche :
La Moisson,
1943, huile sur toile,
59,7 x 80 cm,
Bruxelles, Musées royaux
des Beaux-Arts de Belgique.

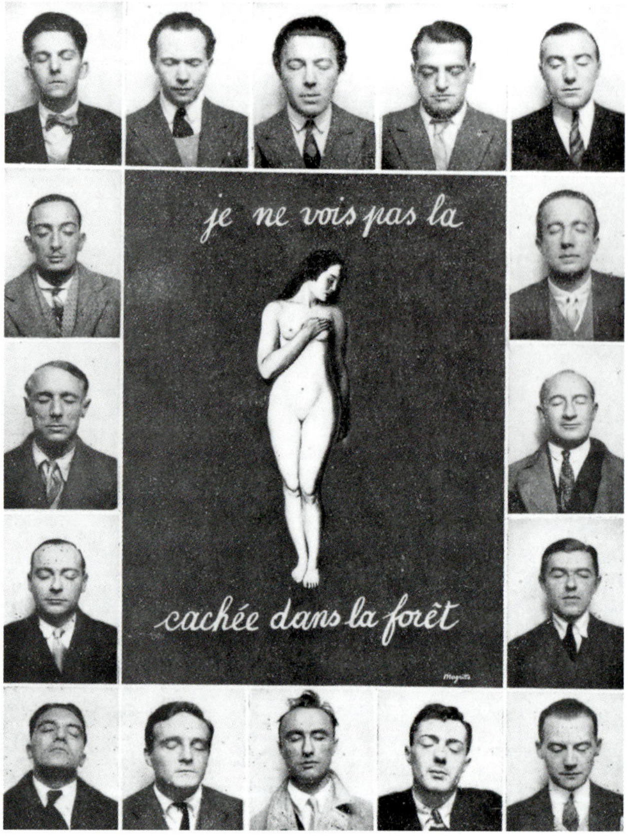

Ci-contre :
Je ne vois pas la (femme) cachée dans la forêt, 1929, photographie publiée dans *La Révolution Surréaliste,* n° 12, 15 décembre 1929.

De gauche à droite et de haut en bas : Alexandre, Aragon, Breton, Buñuel, Caupenne, Dalí, Éluard, Ernst, Fourrier, Goemans, Magritte, Nougé, Sadoul, Tanguy, Thirion, Valentin.

Page de droite :
La Mémoire (détail), 1948, huile sur toile, 60 x 50 cm, Bruxelles, propriété de l'État belge en dépôt au musée Magritte.

Sur-réaliste ?

Pour beaucoup, René Magritte est le peintre surréaliste par excellence et la critique l'a longtemps et exclusivement cantonné dans ce rôle. Pourtant ses relations tumultueuses avec André Breton, ses affinités avec un surréalisme belge qui ne relègue pas la peinture au rang d'art de seconde zone et son rejet de l'automatisme et de la psychanalyse sèment le doute. Et si Magritte n'avait jamais vraiment été surréaliste ?

PAR VALÉRIE BOUGAULT

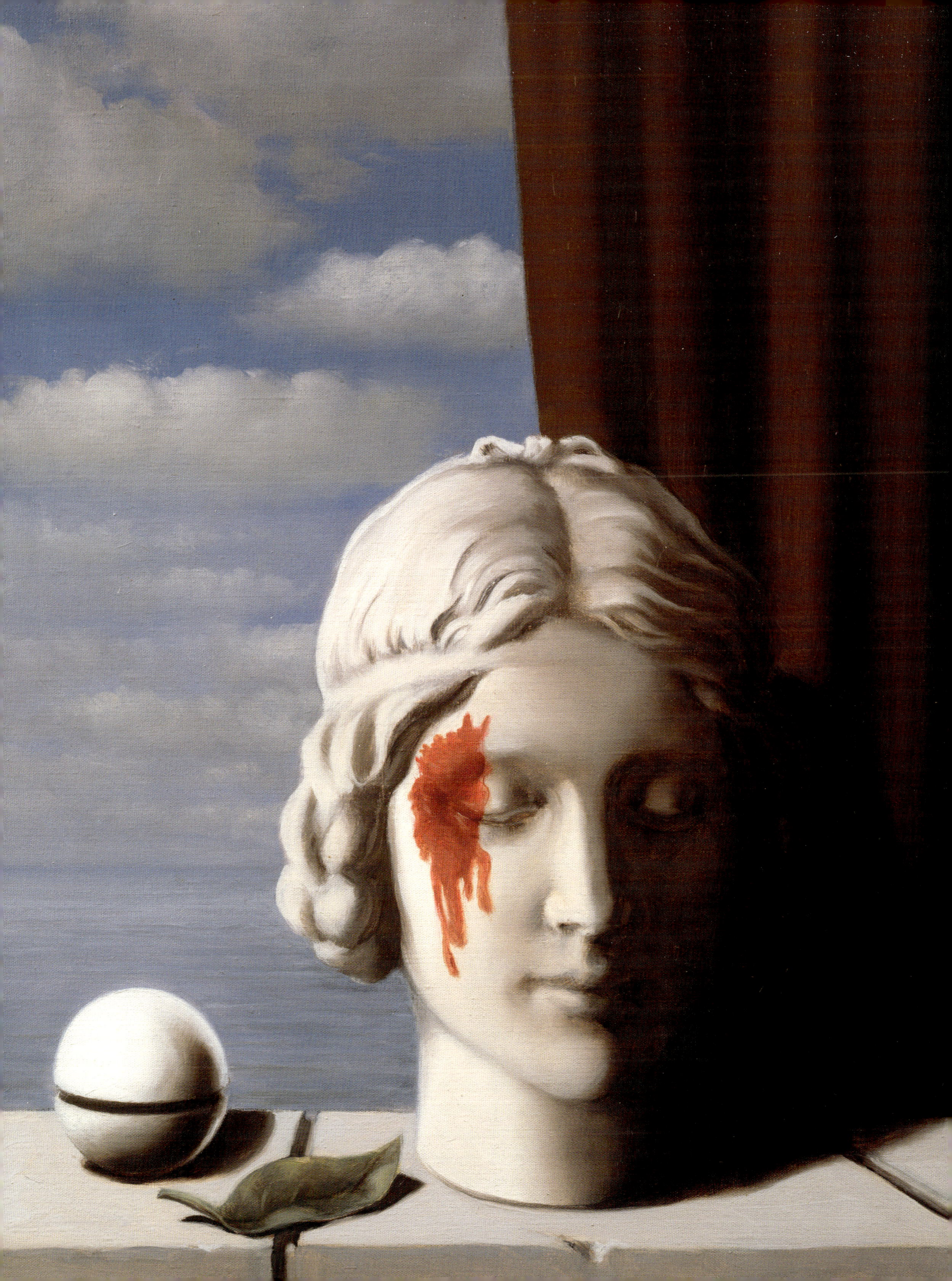

Surréaliste ?

● La plupart des aventures humaines finissent dans un cimetière. Celle de René Magritte y commence. En soi, ce constat, plutôt étrange, attire déjà comme un aimant le qualificatif de « surréaliste ». Mais l'histoire, comme toujours avec le peintre belge, est infiniment plus subtile. Il en fait le récit dans une conférence donnée au Musée royal des Beaux-Arts d'Anvers, le 20 novembre 1938, et qu'il intitule « La ligne de vie ». *« Dans mon enfance, j'aimais jouer avec une petite fille dans le vieux cimetière désaffecté d'une petite ville de province. Nous visitions les caveaux souterrains (…) et nous remontions à la lumière, où un artiste peintre, venu de la capitale, peignait dans une allée du cimetière (…) L'art de peindre me paraissait alors vaguement magique et le peintre doué de pouvoirs supérieurs. »* Cependant, continue l'artiste, il devait apprendre par la suite que la peinture, loin d'être un instrument de libération, pouvait aussi être *« au service de n'importe qui ou de n'importe quoi »*, pratiquée par des artistes qui ont les mêmes ambitions *« que le premier arriviste venu »*. Comment retrouver la magie éprouvée dans son enfance face au peintre du cimetière, dans la lumière rendue au sortir des caveaux ?

Alors vint De Chirico et, dans sa foulée, le mouvement surréaliste. Avant eux, quelques tentatives pour défier ce *« sens commun qui l'ennuyait tellement »*. Affichiste pour gagner sa vie, Magritte lance ses recherches personnelles sur la piste des futuristes et de l'abstraction. Il s'en détourne rapidement parce que cette voie ne lui permet pas de montrer *« l'éloquente existence des objets »*. En 1923, Marcel Lecomte, l'un des futurs fondateurs du surréalisme belge, lui montre la reproduction, dans une revue parisienne, du *Chant d'amour* de Giorgio De Chirico, peint en 1914. On y voit le profil d'une statue antique aux côtés d'un gant rouge punaisé, le tout dans le décor intemporel d'une ville désertée. C'est une révélation ! *« Cette poésie triomphante a remplacé l'effet stéréotypé de la peinture traditionnelle. »* Et encore : *« Il s'agit d'une nouvelle vision où le spectateur retrouve son isolement et entend le silence du monde. »* Or, ce tableau va aussi devenir l'un des viatiques des surréalistes parisiens, sorte de référence sacrée d'une nouvelle esthétique.

Ci-dessous :
Le Masque vide,
1928, huile sur toile,
73,3 x 92,3 cm,
Düsseldorf, Kunstsammlung Nordrhein-Westfalen.

Page de droite :
Giorgio De Chirico,
Canto d'amore
(Chant d'amour),
1914, huile sur toile,
73 x 59,1 cm,
New York,
The Museum of Modern Art.

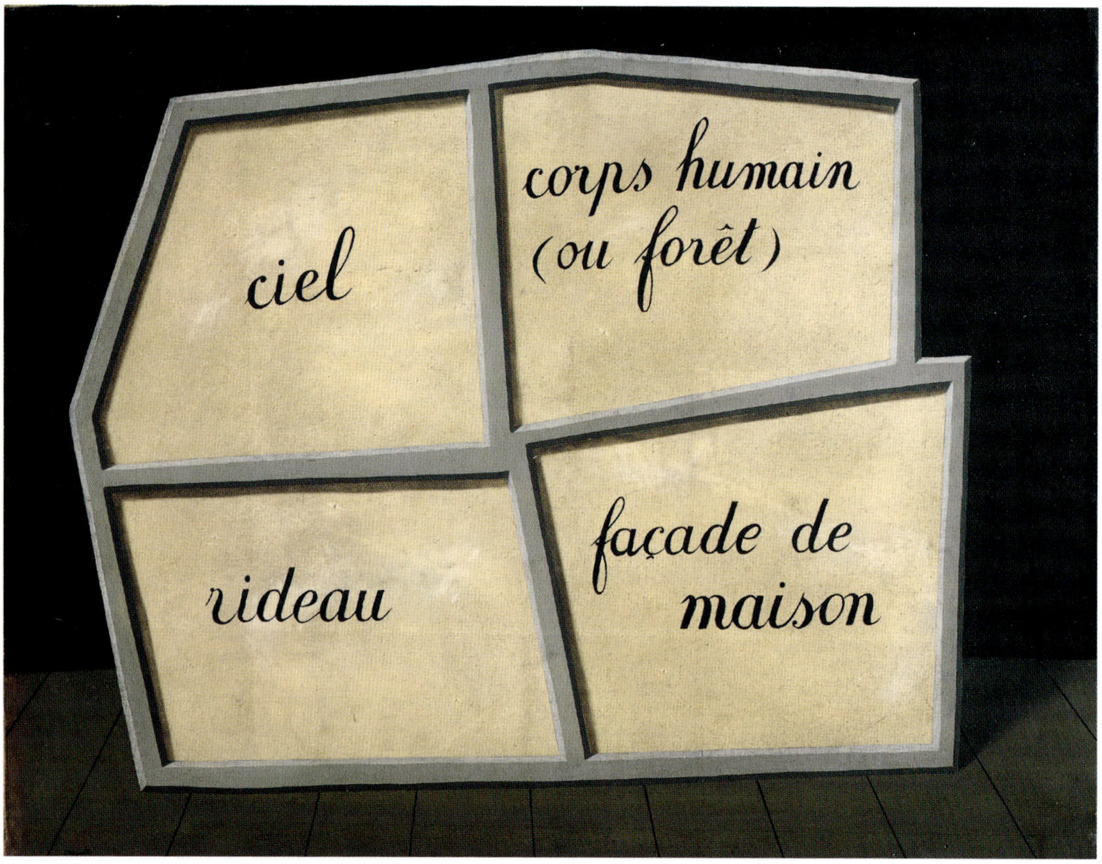

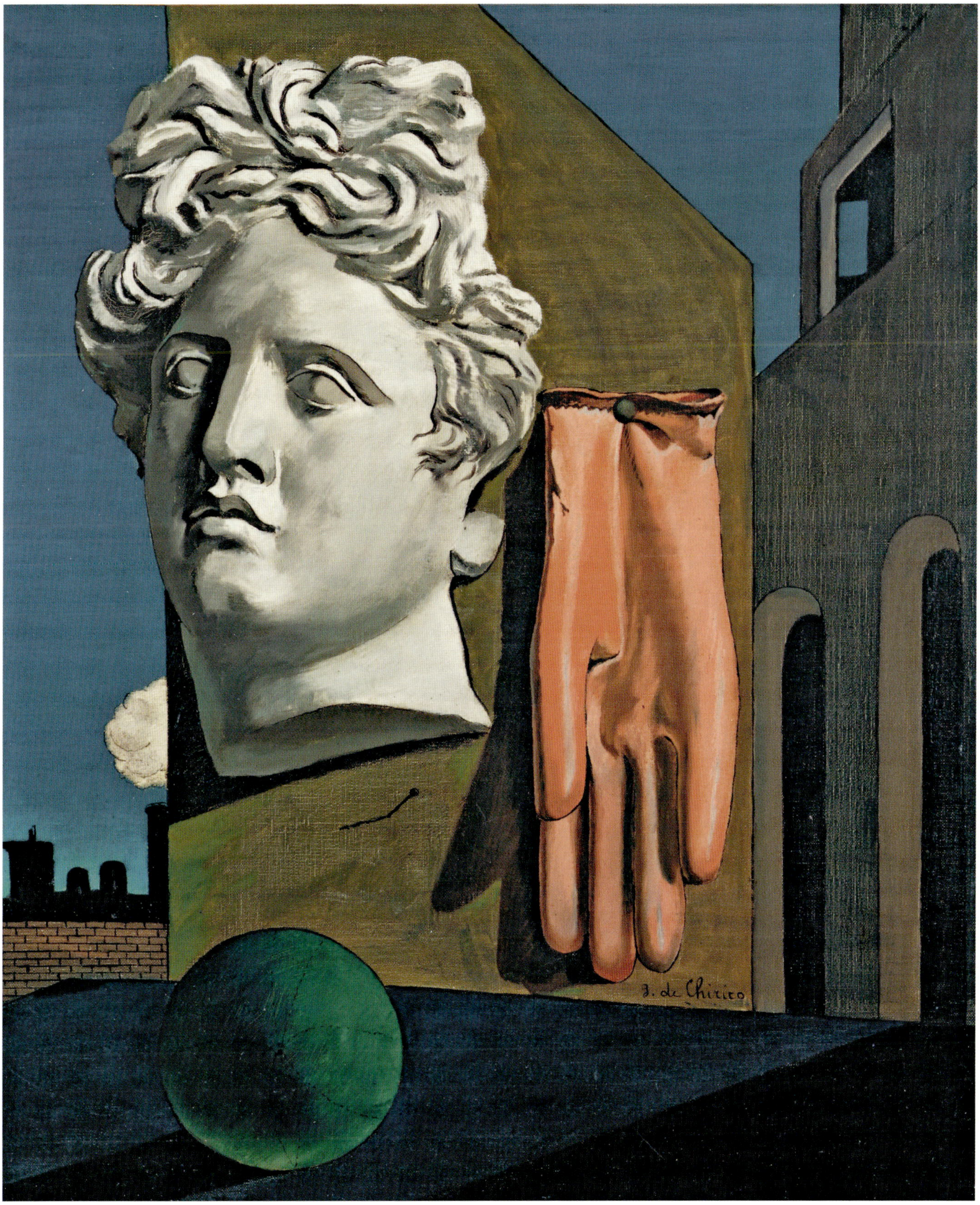
G. de Chirico

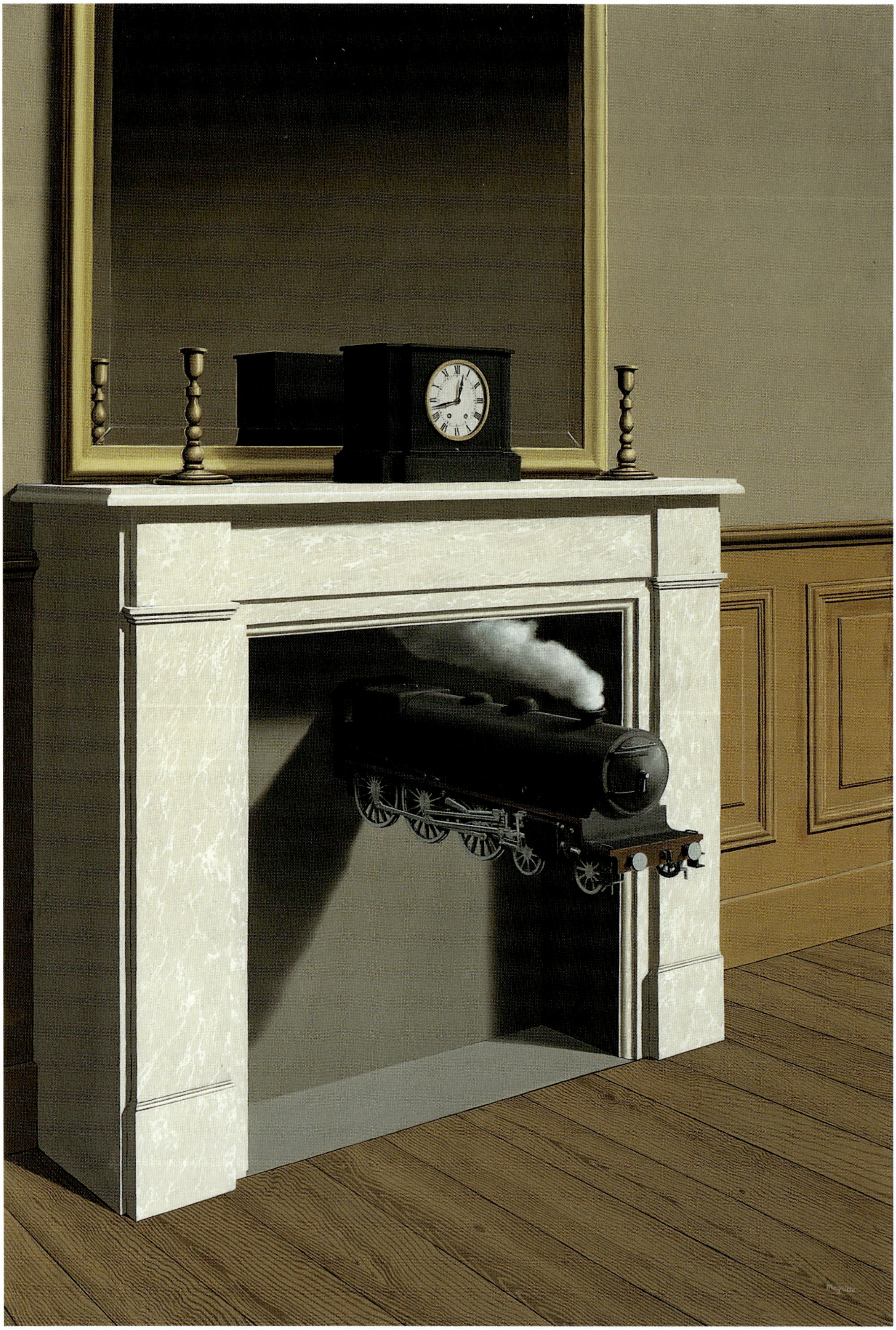

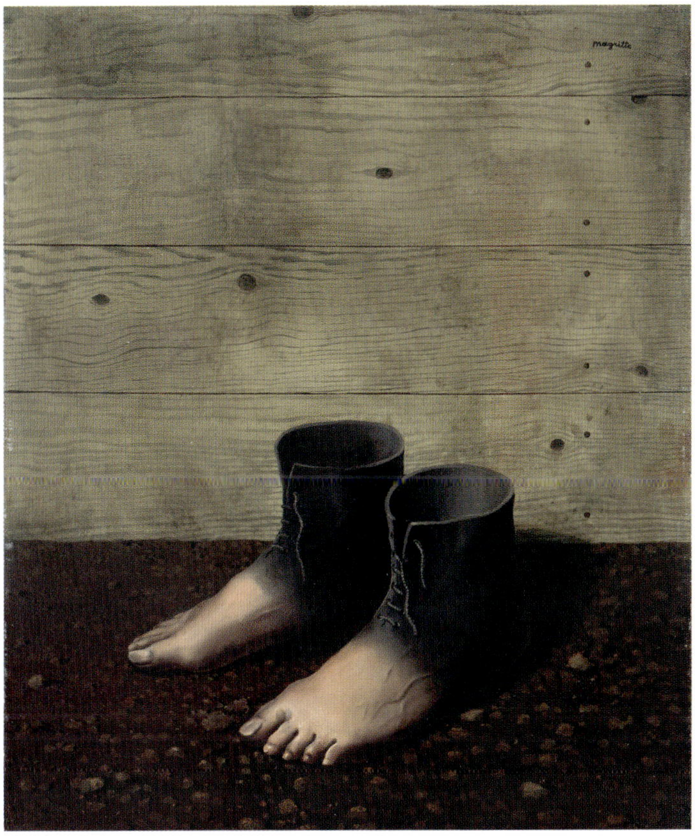

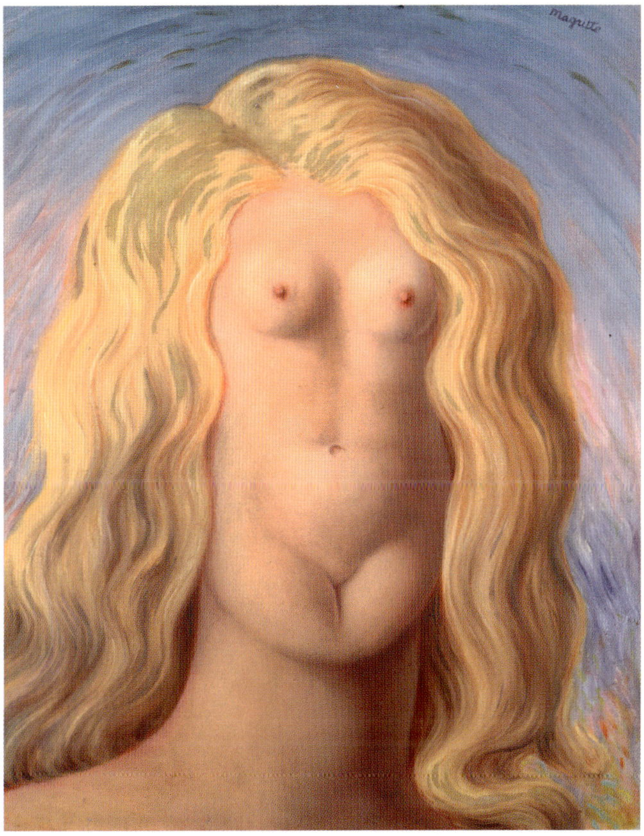

Un autre surréalisme

Car, en 1924, un mouvement a vu le jour à Paris, autour de jeunes écrivains. Comme le soulignera son historien, Maurice Nadeau, *« il était dans l'air »*. À plus d'un titre, puisque au moment même où est publié en France, par André Breton, le premier *Manifeste du surréalisme*, à Bruxelles, Paul Nougé, Camille Goemans et Marcel Lecomte prennent le même engagement et le font savoir à travers la parution de la revue-tract *Correspondance*. Ils seront rejoints l'année suivante par René Magritte.

Le surréalisme n'est pas issu d'une génération spontanée. Avant lui, on trouve Dada, lancé par Tristan Tzara et Hans Arp en 1916 depuis Zurich, et qui s'est répandu comme une traînée de poudre, alors que le reste de l'Europe a sombré dans les horreurs de la guerre. Et voici que sur ces décombres, une nouvelle génération veut élever un monde nouveau. Aux côtés de Breton, ils se nomment Paul Éluard, Philippe Soupault, Louis Aragon, Benjamin Péret, mais aussi Francis Picabia, Max Ernst ou André Masson... Qui n'a pas été, à un moment ou à un autre entre les deux guerres, surréaliste ? Que veulent-ils ? Éradiquer le réalisme *« hostile à tout essor intellectuel et moral »* et lui opposer le règne de l'imagination et du rêve, qui ramènent vers le chemin du merveilleux, synonyme de beauté. Comment définissent-ils leur recherche ? *« Surréalisme, n.m. Automatisme psychique pur par lequel on se propose d'exprimer, soit verbalement, soit par écrit, soit de toute autre manière, le fonctionnement réel de la pensée. Dictée de la pensée, en l'absence de tout contrôle exercé par la raison, en dehors de toute préoccupation esthétique ou morale »*, clame le *Manifeste*. Une révolution à laquelle ne peut qu'adhérer Magritte, du moins dans son objectif, lui qui veut atteindre la consistance des choses. Pour la méthode, c'est une autre histoire.

Car à Bruxelles, même *« s'il est apatride par nature »*, le surréalisme se construit différemment. Tout aussi persuadé que le surréalisme est une pensée révolutionnaire qui s'oppose à la conception bourgeoise de l'art, Magritte et ses amis, au premier plan desquels Nougé, ne partagent néanmoins pas les principales options esthétiques de Breton. La revendication de l'automatisme comme moyen privilégié pour donner toute

Ci-dessus de gauche à droite :
Le Modèle rouge,
1935, huile sur toile marouflée sur carton, 56 x 46 cm,
Paris, Centre Pompidou, musée national d'Art moderne.

Le Viol,
1945, huile sur toile,
65,3 x 50,4 cm,
Paris, Centre Pompidou, musée national d'Art moderne.

Page de gauche :
La Durée poignardée,
1938, huile sur toile,
147 x 98,7 cm,
Chicago, The Art Institute.

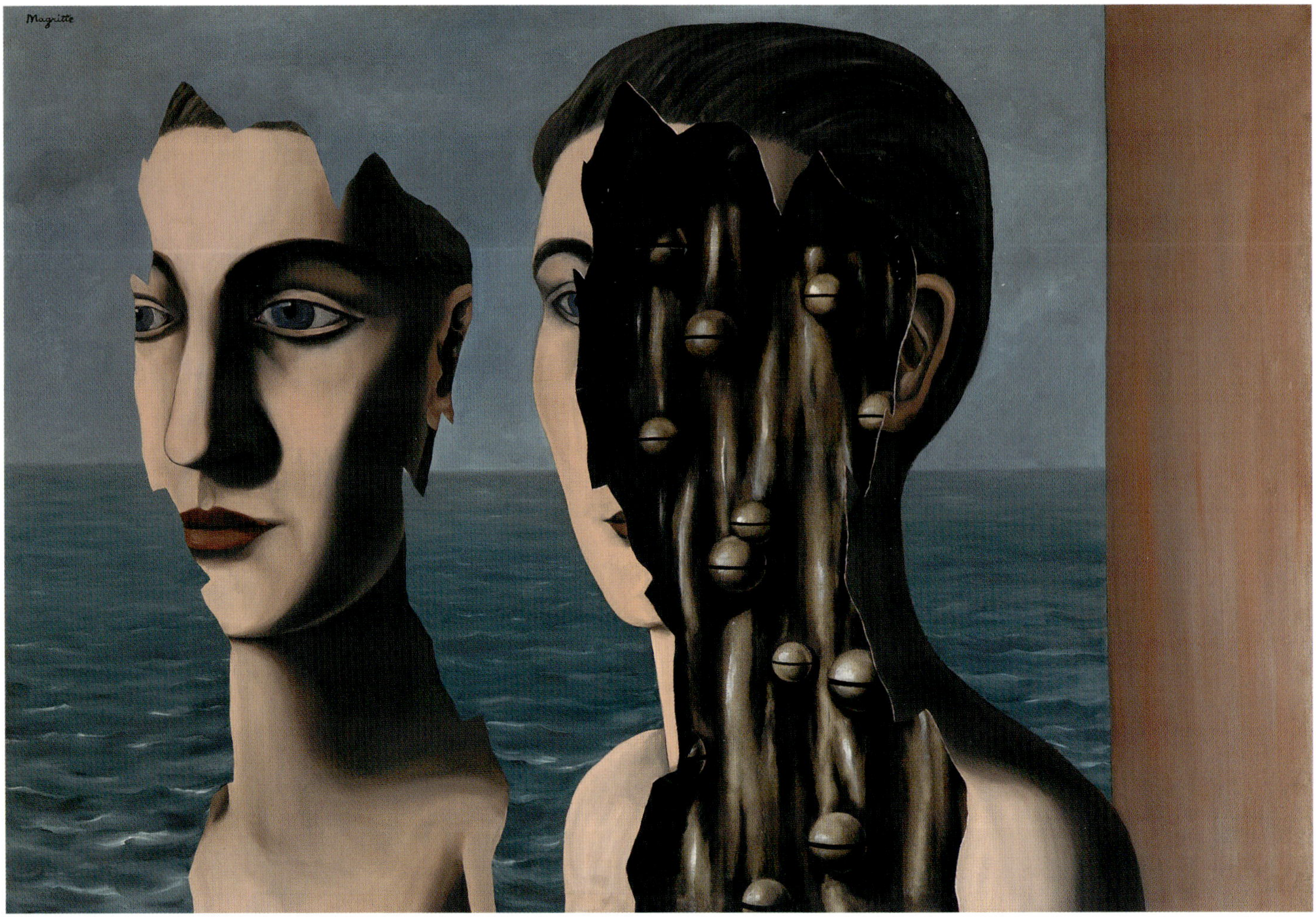

sa plénitude à l'imaginaire n'aura jamais leurs faveurs, notamment parce qu'ils ne pensent pas que la méthode puisse conjurer les habitudes mentales. Aussi parce que leur démarche méthodique est réfractaire à toute inspiration nébuleuse.
Leur attitude face au communisme diverge également, et bien que Nougé ait adhéré à la IIIe Internationale dès 1919, lui et ses amis dénoncent la décomposition des partis communistes occidentaux : *« Nous refusons de nous reconnaître dans ces miroirs faussés qu'on nous tend de toutes parts. »* Force est de reconnaître qu'ils font là preuve de plus de clairvoyance que leurs amis parisiens. Enfin, on peut penser qu'une gêne plus subtile, mais autrement plus profonde, s'est certainement fait jour dans l'esprit de Magritte quand il commence à entrevoir que la scène prépondérante sur laquelle Breton a installé la poésie repousse dans l'ombre la part des images et que le tout prend un discret mais tenace parfum d'iconoclasme méprisant. Le groupe belge, lui, va poursuivre un projet qui prend en compte aussi bien la littérature que la peinture et la musique (à laquelle Breton, foncièrement hostile à la création musicale, n'entend littéralement rien).

Bruxelles - Paris - Bruxelles

Après une rencontre explosive à Bruxelles en 1925, les relations entre les deux groupes vont se poursuivre, les périodes d'accalmies succédant aux violents orages. L'un d'eux concerne particulièrement Magritte. Installé en banlieue parisienne de 1927 à 1930, il s'est rapproché du groupe. La période est fructueuse pour lui : il rencontre Dalí, Ernst, Arp, Miró, est exposé dans la galerie que son ami Goemans a ouverte rue de Seine, se lie d'une durable amitié avec Paul Éluard qui lui consacrera plus d'un texte et, enfin, participe en 1929 à l'ultime numéro de *La Révolution surréaliste.* Non seulement on y trouve la reproduction de sa toile *Je ne vois pas la ... cachée dans la forêt,* mais il y publie un texte primordial intitulé *Les Mots et les Images,* contribution majeure à l'art du XXe siècle, dans lequel il expose la synthèse de son

Ci-dessus :
Le Double Secret,
1927, huile sur toile,
114 x 162 cm,
Paris, Centre Pompidou,
musée national d'Art moderne.

Page de droite :
Les Habitants du fleuve,
1926, huile sur toile,
73 x 100 cm,
collection particulière.

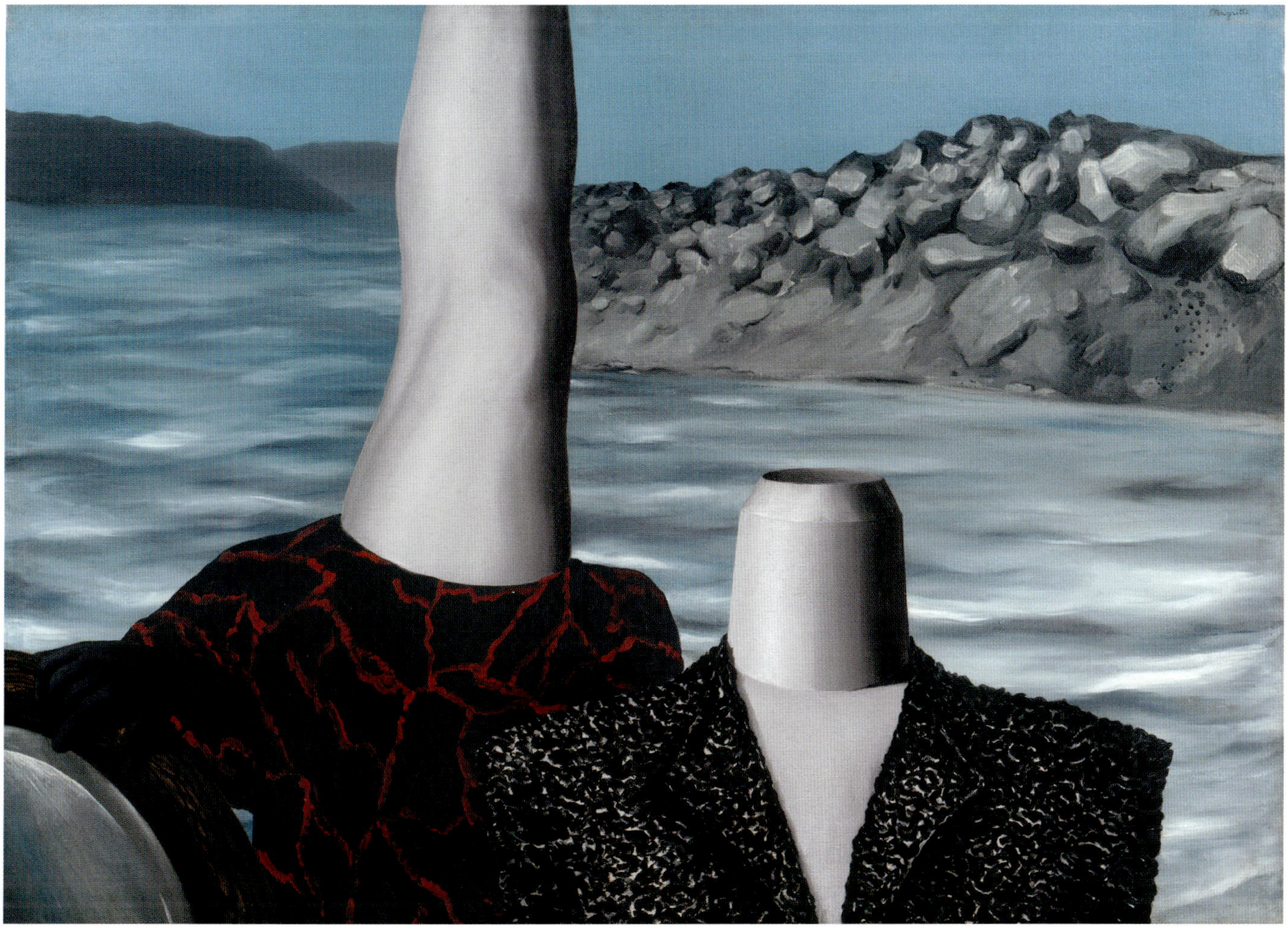

cheminement entre écriture et images, quelque temps avant de donner à voir son célèbre tableau *La Trahison des images.*
Un épisode inattendu va briser ce séjour prometteur. Lors d'une soirée chez Breton, celui-ci demande à Georgette, l'épouse de Magritte, de retirer la croix en or, souvenir de sa mère, qu'elle porte autour du cou. Georgette refuse, s'en va, immédiatement suivie de René, qui a choisi son camp, celui de l'amour fou qu'il porte à sa femme. Breton n'a donc pas à l'esprit la phrase de Baudelaire qui figure en bas de page du photomontage de la femme cachée, dans la revue surréaliste : *« La femme est l'être qui projette la plus grande ombre ou la plus grande lumière dans nos rêves. »*
Cette dispute rend la situation de Magritte à Paris difficile et il rentre à l'automne 1930 à Bruxelles, où il retrouve l'amitié de Nougé et de ses affidés belges. En 1932, dans l'*« affaire Aragon »,* les surréalistes belges se démarquent à nouveau des Parisiens : le poète est poursuivi par la justice française pour *Front rouge,* considéré comme une *« excitation de militaire à la désobéissance ».* Trois cents signataires se mobilisent autour de Breton pour éviter la prison à Aragon. Dans un tract cosigné par Magritte, *La Poésie transfigurée,* les Belges se désolidarisent en revendiquant la pleine responsabilité de l'écrivain. Une action qui creuse un peu plus le fossé entre Paris et Bruxelles.

Affinités électives

Le compagnonnage entre Magritte et le mouvement surréaliste belge perdure au point qu'il s'investira en 1940 dans l'organisation et la parution d'une nouvelle revue, *L'Invention collective,* quand Nougé, préoccupé de la situation politique, s'en éloigne. Mais ne doit-on pas y voir une conséquence de sa fidélité plutôt que la preuve d'une véritable concordance intellectuelle ? En réalité, depuis 1936, voire 1932, (voire depuis plus longtemps ?), il a bel et bien abandonné le culte de la beauté arbitraire. Magritte part désormais à la chasse aux « affinités électives », cette prédestination perdue *« au fond de sa pensée »,* et dont naît une poésie tout aussi bouleversante, mais définitivement « travaillée ». Est-il donc toujours un peintre surréaliste ? L'a-t-il jamais été, lui qui n'a jamais accepté ni l'existence de l'inconscient, ni vu l'intérêt de la psychanalyse ? La question mérite d'être posée. Des artistes américains des années 1960, comme Jasper Johns ou Robert Rauschenberg, ont eux répondu à leur manière : subjugués par l'œuvre de l'artiste belge, dont ils collectionnent les toiles, ils lui accordent un statut auquel les critiques européens n'ont jamais songé, celui d'artiste conceptuel. Dès lors, comment passer à côté de toutes les petites remarques du peintre ? L'une d'elle, adressée à Nougé en 1946, fait le point : *« Pour ma part j'ai enterré le surréalisme, mon surréalisme depuis quelque temps déjà, et à plus forte raison celui de Breton. »* La critique ne lui en donnera pas acte et il semble, à la fin de sa vie, éprouver une certaine résignation de ce qu'il incarne, à son corps défendant, le surréalisme en peinture. Un vieux couple, en quelque sorte.

Ci-contre :
La Folie Almayer,
1951, huile sur toile,
80 x 60 cm,
Londres,
collection particulière.

Page de droite :
Les Vacances de Hegel,
1958, huile sur toile,
60 x 50 cm,
collection particulière.

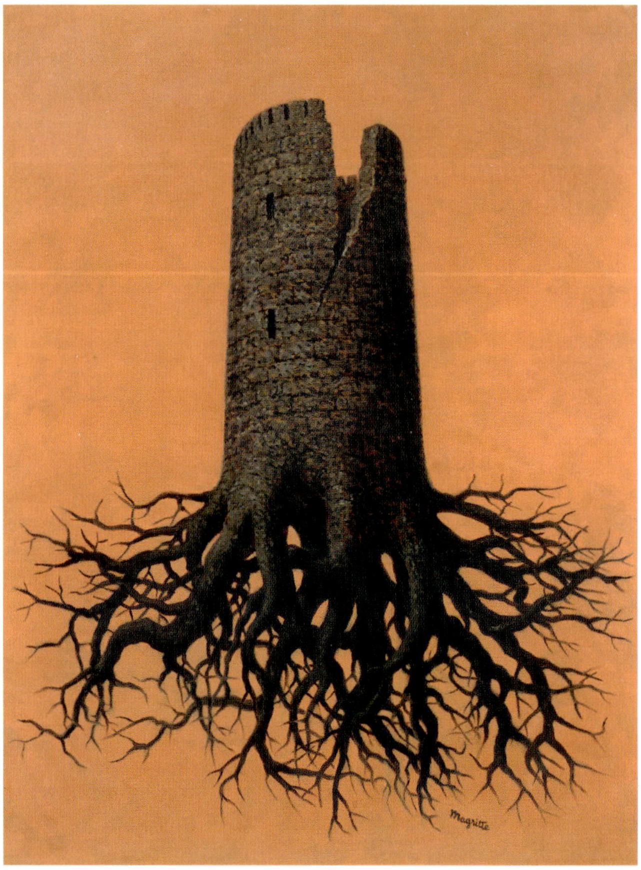

Penser avec son pinceau

« Le visible étant en lui-même suffisamment riche pour constituer un langage poétique évocateur de mystère [...] Il faut que la peinture serve à autre chose qu'à la peinture. » C'est par ces mots que René Magritte présente sa vision de la peinture dans sa conférence « La ligne de vie » donnée en 1938 au Musée royal des Beaux-Arts d'Anvers. Un art noble, une *cosa mentale* du même niveau que les œuvres de l'esprit, poésie et philosophie en tête.

PAR MARIE-LAURE DELAPORTE

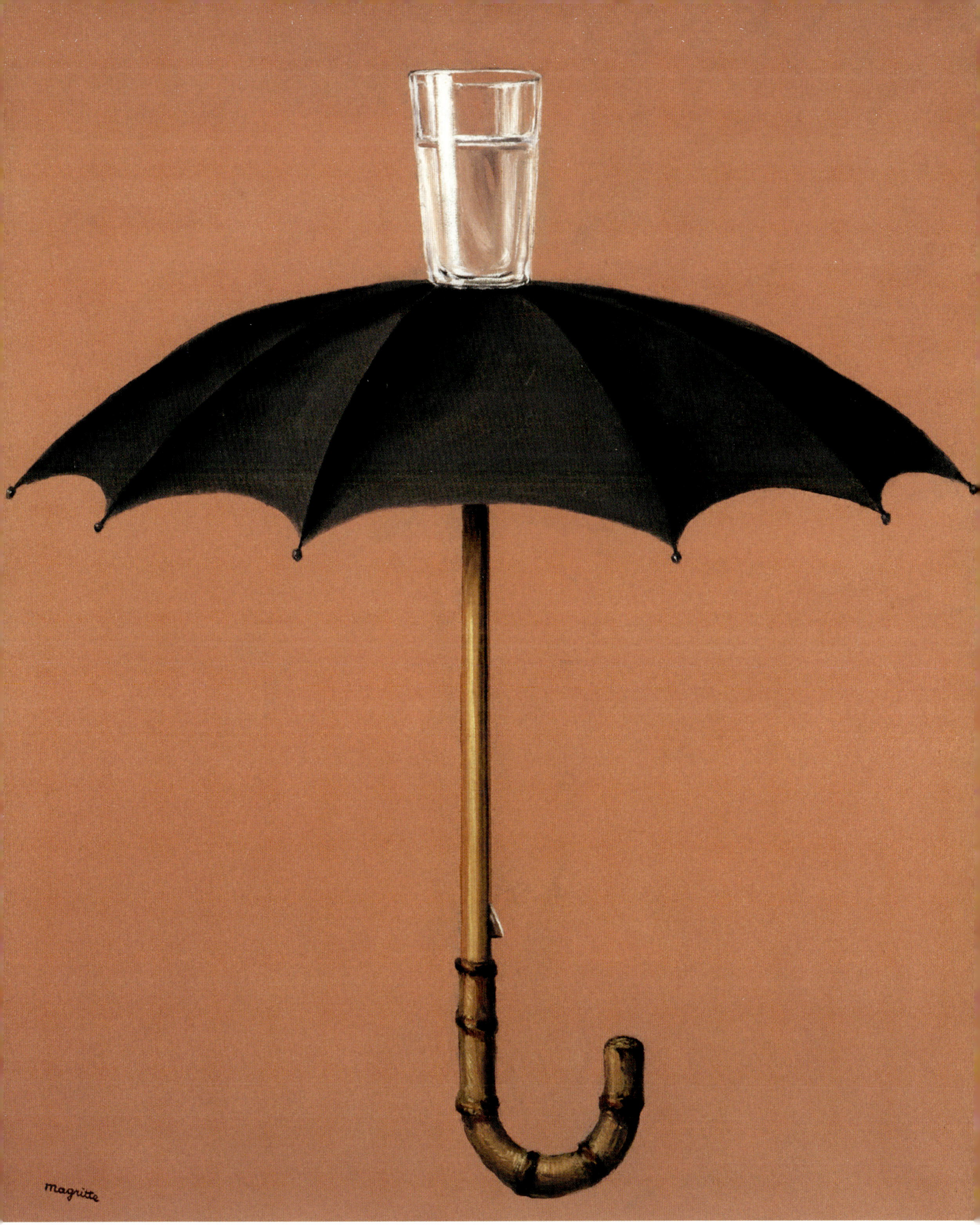
magritte

Penser avec son pinceau

● Dans une quête incessante du pouvoir des images, Magritte se confronte à la poésie et à la philosophie de son époque, revendiquant la primauté et la réflexivité de la peinture. L'artiste développe une dialectique entre image et mot, une esthétique de l'inquiétante étrangeté – comme en témoignent les racines végétales s'échappant de la tour architecturée de *La Folie Almayer* (1951) –, un système interrogeant le mimétisme pictural autant que certains des préceptes surréalistes. Le regard se trouve comme piégé, troublé, manipulé dans sa certitude de ce qu'est la réalité face à une juxtaposition invraisemblable. Réconciliant la recherche de l'inconscient surréaliste et une pratique raisonnée, Magritte élève son art à une expression de la pensée.

De l'image poétique…

Membre du groupe surréaliste belge fondé en 1926 par le poète Paul Nougé, deux ans après la publication du *Manifeste surréaliste* d'André Breton, René Magritte est l'un des plus significatifs représentants de la dimension picturale du mouvement, face à ses amis écrivains et poètes Louis Scutenaire, E. L. T. Mesens ou Camille Goemans, qu'il rencontre au cours des années 1920. C'est d'ailleurs Paul Nougé qui signe en 1927 le texte *René Magritte, peintre de la pensée abstraite* accompagnant la première exposition personnelle de l'artiste à la galerie Le Centaure à Bruxelles. À l'inverse, c'est Magritte qui illustrera, en 1945, le recueil du poète Paul Éluard *Les Nécessités de la vie et les Conséquences des rêves.* Si les premiers pas du surréalisme sont avant tout littéraires et poétiques, l'œuvre peinte connaît un essor fulgurant sous le pinceau de Max Ernst, Joan Miró ou Salvadore Dalí. Mais aucun d'entre eux n'est parvenu à dépasser aussi justement le célèbre « *ut pictura poesis* » *(« la peinture comme la poésie »)* d'Horace que Magritte, qui revendique le primat du peintre sur le poète. Dans la lignée savante de Nougé, ce dernier étant biologiste de formation, Magritte s'emploie à mettre en place un vocabulaire stylistique et une esthétique en prise avec l'intellect aussi bien scientifique que littéraire.

Ainsi, Magritte aspire à prouver la dimension mentale et intellectuelle de sa pratique artistique. Il n'a de cesse de placer sa peinture au rang de la science, offrant une nouvelle dimension poétique et philosophique aux

Ci-dessous :
La Belle Captive,
1931, huile sur toile,
38,2 x 55,5 cm,
Loan of Clive A. Evatt.

Page de droite :
Les Promenades d'Euclide,
1955, huile sur toile,
162 x 130 cm,
Minneapolis,
The Minneapolis
Institute of Art.

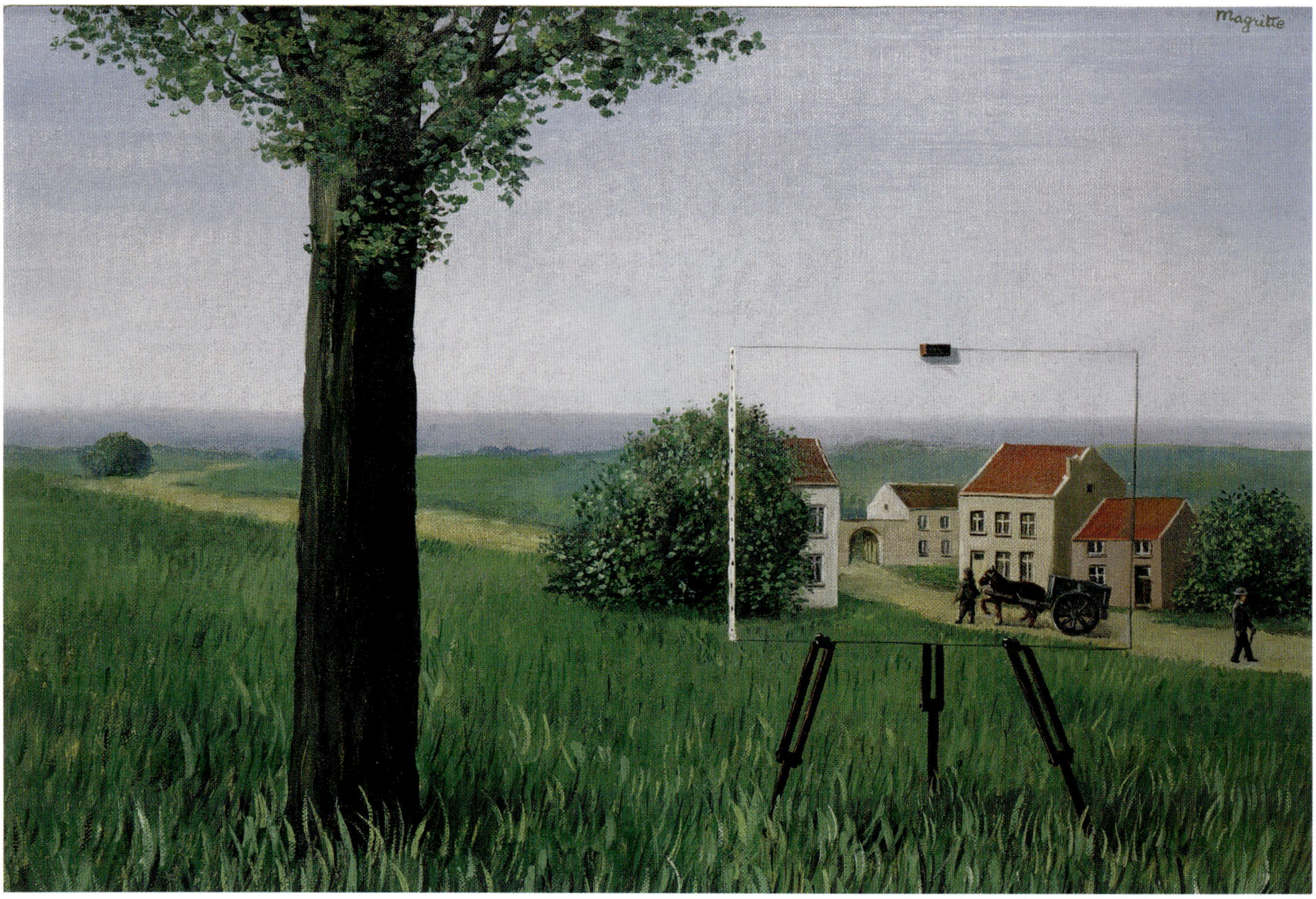

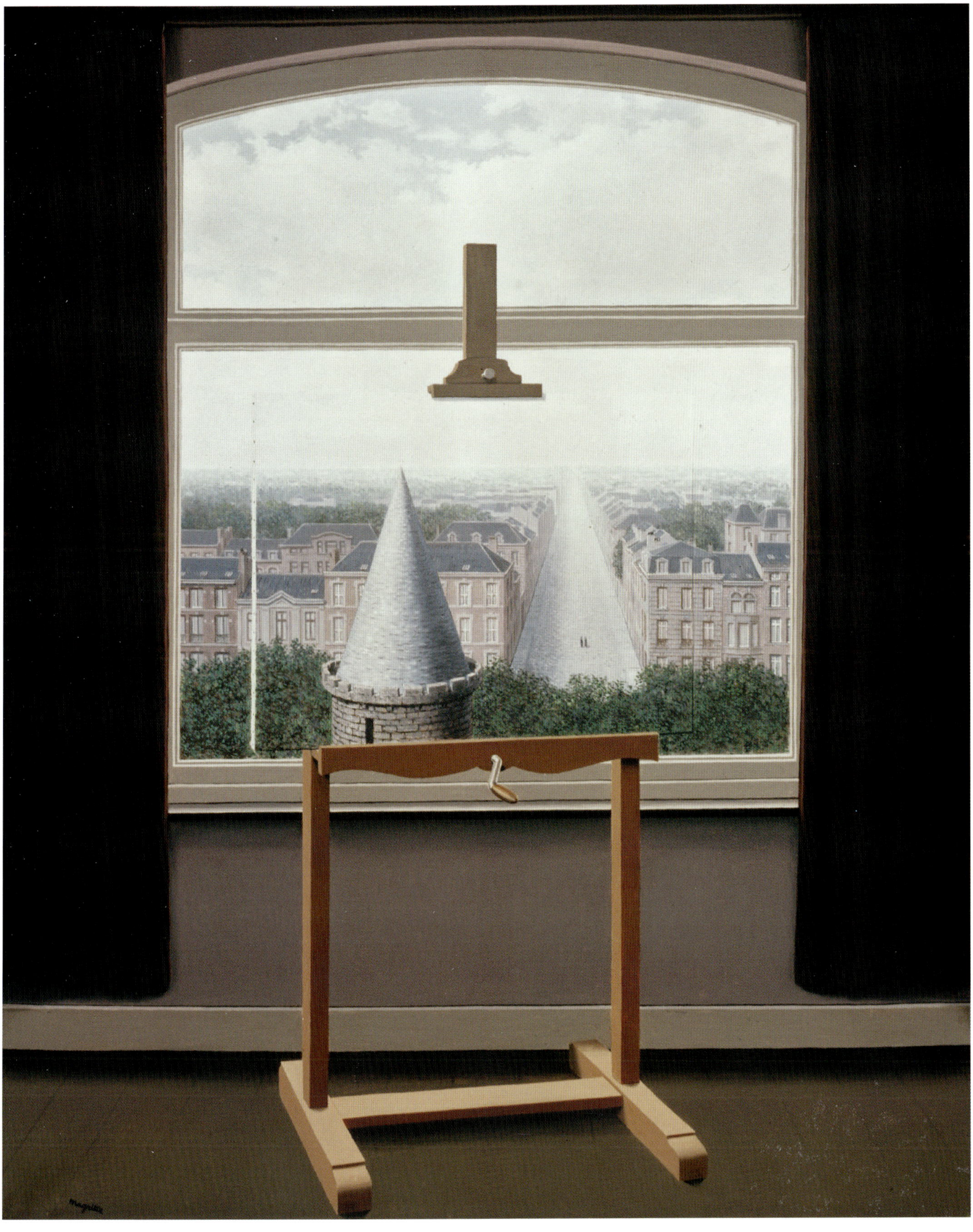

Penser avec son pinceau

images. Son œuvre témoigne de sa réflexion et rend indissociables image visuelle et régime de pensée. Se détachant progressivement de l'automatisme des premiers temps du surréalisme, Magritte se tourne vers une peinture de la logique et de la raison. Il envisage ses tableaux comme une réponse visuelle à un problème posé de manière intellectuelle, à une énigme.

Cette solution picturale, Magritte la confronte à la poésie et aux mots, principalement avant la Seconde Guerre mondiale. Contrairement à la poésie, la peinture est un art de l'illusion et de la représentation, effet illusionniste que le peintre tente de dépasser. Ses premiers tableaux de mots, réalisés lors de son séjour parisien, sèment le doute dans la compréhension de l'œuvre associant la représentation d'un objet à une définition écrite qui vient perturber ou contredire la signification de l'image. Magritte remet ainsi en cause le lien entre la perception visuelle et le langage verbal, témoignant d'une pensée aussi raisonnée qu'originale. Jusqu'à ce que les objets, images du réel, se fassent symboles et rébus dans *L'Alphabet des révélations* (1929). Grâce à des motifs figuratifs récurrents (rideaux, fenêtres, bougies...), Magritte questionne cet effet de *mimesis*. Dans l'œuvre *La Belle Captive* (1931), tableau de paysage, mise en abîme de la peinture, Magritte parvient à *« peindre la ressemblance. Peindre donc l'opération même de la* mimesis, *peindre quelque chose comme l'acte de peindre [...] la peinture est non seulement chose mentale, elle fait voir la pensée, elle la met en visibilité »*, écrit la philologue et philosophe Barbara Cassin. Ce tableau dans le tableau procède au sabotage de la représentation.

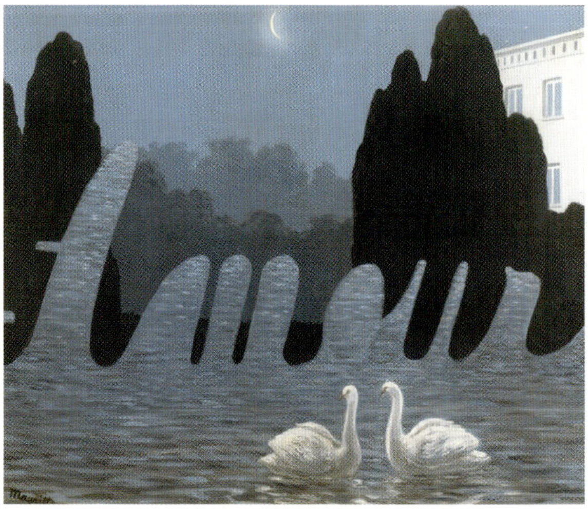

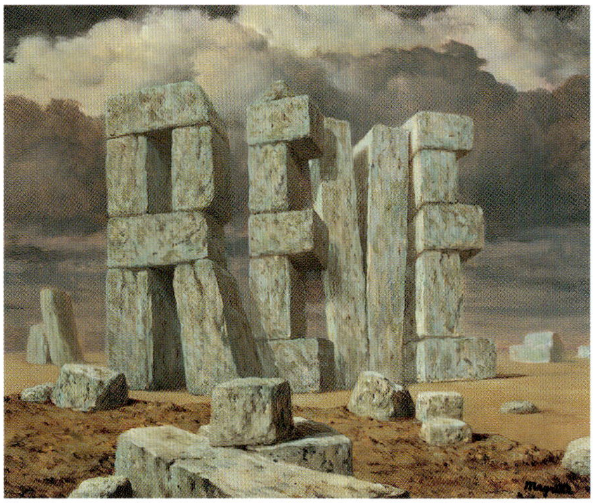

... à la pensée philosophique

À partir des années 1950, Magritte délaisse quelque peu la poésie pour se tourner vers la philosophie et le monde des idées. Le peintre développe de riches et stimulants échanges épistolaires avec le philosophe Alphonse De Waelhens, après avoir lu sa *Phénoménologie et vérité. Essai sur l'évolution de l'idée de vérité chez Husserl et Heidegger* (1953). L'un des thèmes abordés par Magritte est celui de la lumière, métaphore de la perception du peintre, à la fois visuelle et spirituelle, et outil de représentation. Les premières œuvres traitant du thème de la lumière, et des motifs qui lui sont associés, voient le jour dès le début des années 1930. *La Lampe philosophique* (1936), par son titre et par le motif de la bougie, évoque à la fois la connaissance du peintre, son impression du monde et la transmission formelle qu'il en fait. La flamme s'impose également comme une référence à l'allégorie de la caverne de Platon, dont Magritte s'empare pour mettre en valeur l'illusionnisme pictural et la connaissance.

L'apparition d'une certaine théâtralité émerge à travers le motif du rideau dans *Les Promenades d'Euclide* (1955). Le tableau posé sur un chevalet devant une fenêtre symboliserait-il *« La peinture est une fenêtre ouverte sur le monde »* d'Alberti ? En tout cas, il complexifie les degrés de représentations, imbriqués les uns dans les autres, et dédouble tant l'image que l'apparente réalité.

Cette période est également celle qui voit naître la série intitulée *L'Art de la conversation* et ses lettres monumentales composées d'éléments rocheux ou aquatiques se confondant avec le paysage. Une nouvelle esthétique voit le jour de ses rapprochements avec les philosophes. En effet, Magritte débute une correspondance en 1962 avec Chaïm Perelman puis avec Michel Foucault, après la lecture de l'essai *Les Mots et les Choses* en 1966. À travers ses amitiés intellectuelles, le peintre est à la recherche d'une équivalence entre la peinture et la philosophie, alliant la vision et la pensée. Du passage de la poésie à la philosophie naît une valeur conceptuelle de la représentation. Le mariage d'un verre d'eau et d'un parapluie, dans les *Vacances de Hegel* (1958), témoigne d'une juxtaposition à laquelle seul le collage mental peut faire sens. L'association incongrue révèle pourtant une image efficiente faisant appel tant à l'imaginaire qu'à la vivacité de l'esprit. Pour preuve de cette influence réciproque, Foucault publiera en 1973 *Ceci n'est pas une pipe,* hommage à la *Trahison des images* de Magritte, qui fait elle-même référence à la définition donnée par Breton et Éluard *« La poésie est une pipe »*, en 1929, dans *La Révolution surréaliste.* Le mystère magrittien résiderait donc dans le savant mélange d'effets de réel et de symboles ambigus inscrits dans un système rigoureusement calculé, troublant la signification et la perception pour mieux révéler et interroger le statut des images.

Page de gauche, de haut en bas :
L'Art de la conversation,
1950, huile sur toile,
50 x 60 cm,
collection particulière.

L'Art de la conversation,
1950, huile sur toile,
51,4 x 59 cm,
New Orleans, Museum of Art.

Ci-contre :
La Lampe philosophique,
1936, huile sur toile,
46 x 55 cm,
collection particulière.

Ci-dessous :
L'Alphabet des révélations,
1929, huile sur toile,
54,3 x 73,3 cm,
Houston, The Menil Collection.

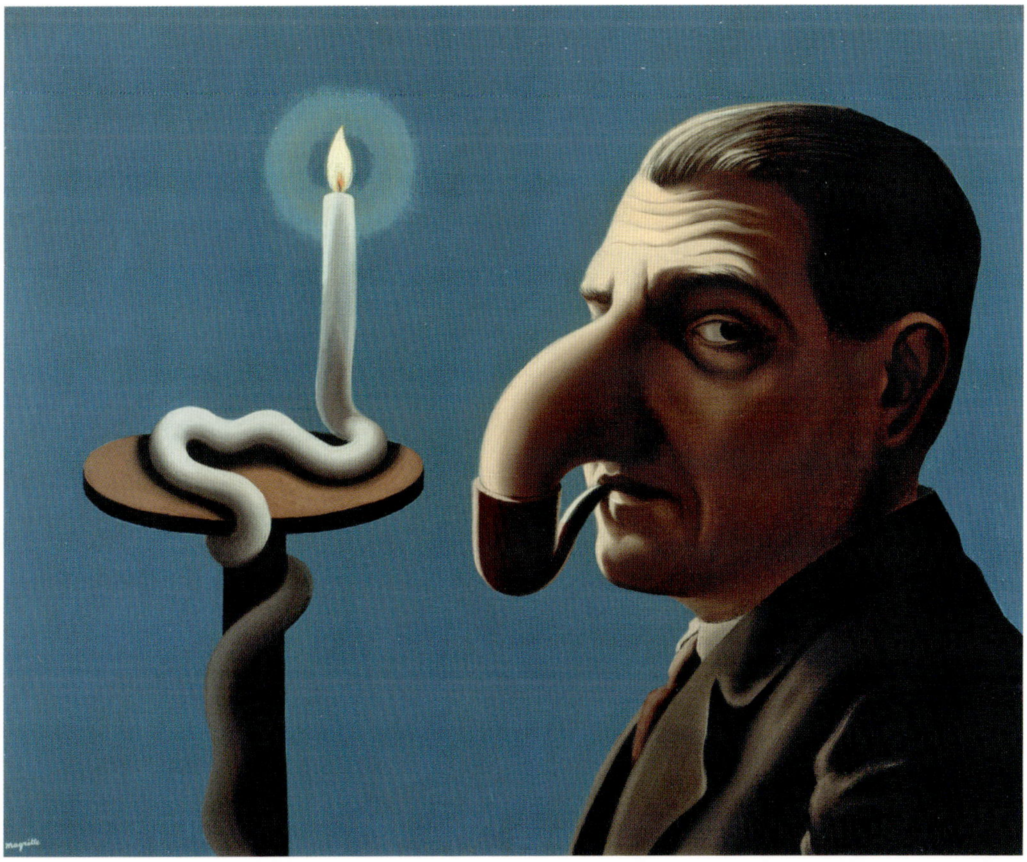

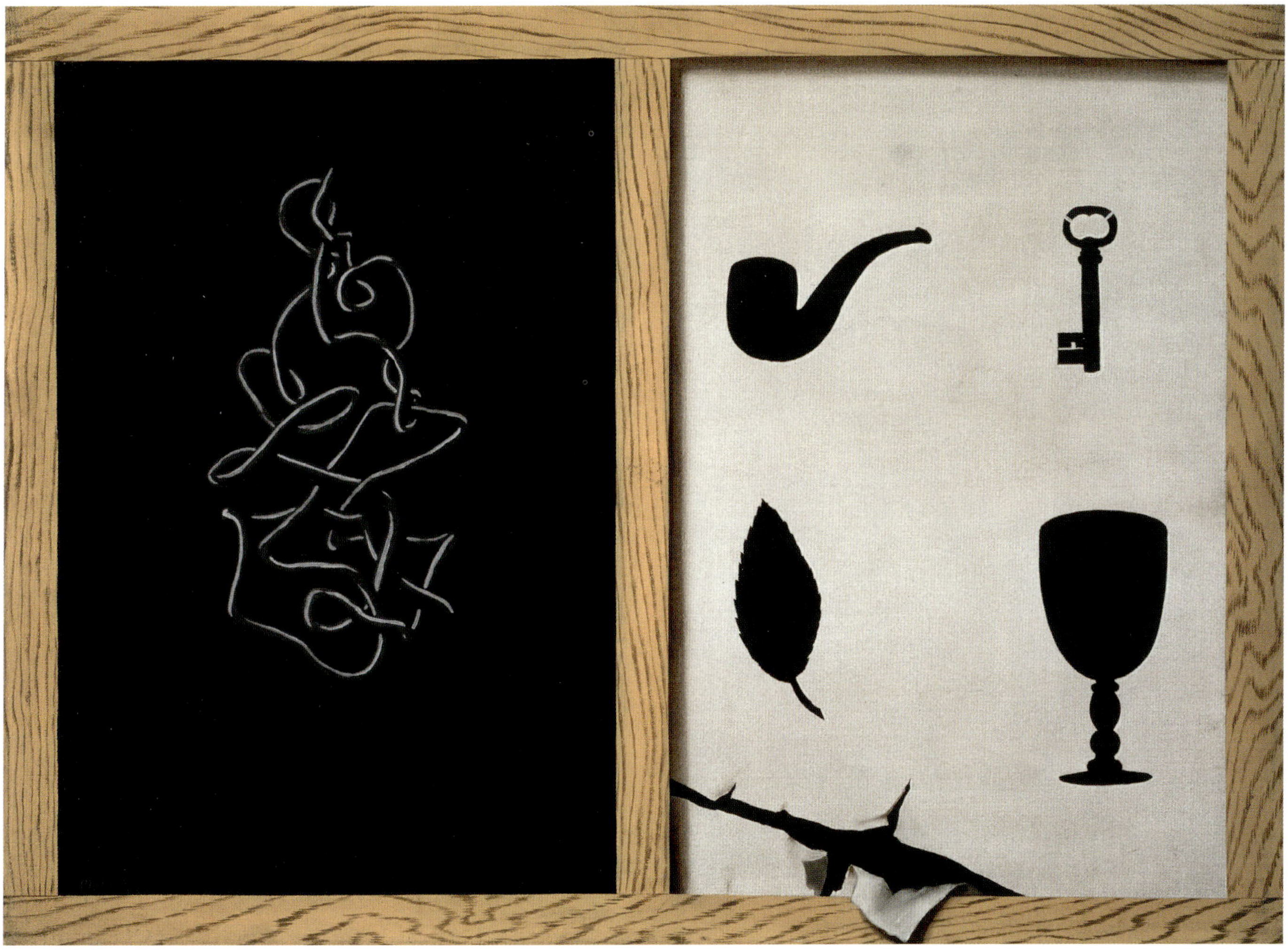

BIEN QUE MAGRITTE SE SOIT MÉFIÉ TOUTE SA VIE DE L'ÉPITHÈTE DE « PEINTRE-PHILOSOPHE », IL N'A EU DE CESSE DE RÉFLÉCHIR AU STATUT DES IMAGES, À LEUR RAPPORT À LA VÉRITÉ ET AU RÉEL. PINCEAU À LA MAIN, IL S'ENGAGE DANS CETTE RÉFLEXION DANS LE CONTEXTE D'UN SURRÉALISME PARISIEN ICONOCLASTE, ANTICIPÉ DÈS LE DÉBUT DU XXe SIÈCLE PAR MARCEL DUCHAMP. CE DERNIER VOULAIT FAIRE CROIRE À L'EXISTENCE, À LA FIN DU XIXe SIÈCLE, DE L'EXPRESSION *« BÊTE COMME UN PEINTRE »* ET PROPOSAIT, POUR MIEUX LA COMBATTRE, UN ART DÉBARRASSÉ DE SON ATTRAIT VISUEL : LE *READY-MADE*. MAGRITTE, LUI, SOUHAITE RENDRE À LA PEINTURE SES LETTRES DE NOBLESSE. IL VEUT EN FINIR AVEC CETTE CONCEPTION HÉRITÉE DE LA PHILOSOPHIE IDÉALISTE QUI EN

La trahison des images

FAIT LE PARENT PAUVRE DE LA POÉSIE ET DE LA PHILOSOPHIE, SEULES CAPABLES DE RÉVÉLER LES MYSTÈRES ET LES VÉRITÉS DE LA PENSÉE. MAGRITTE AMBITIONNE DE MONTRER QUE LA PEINTURE EST UNE PENSÉE EN IMAGES DANS UN MONDE OÙ CELLES-CI SONT CONSIDÉRÉES, DEPUIS L'ANTIQUITÉ, COMME MENSONGÈRES, ET DE RÉVÉLER, AU TRAVERS DE RAPPORTS INSOLITES ENTRE LES OBJETS, DES SIGNIFICATIONS OCCULTÉES PAR UNE CULTURE BOURGEOISE SOUCIEUSE DE PRÉSERVER L'ORDRE APPARENT DES CHOSES. POUR CE FAIRE, LE PEINTRE INTERROGE LES MYTHES FONDATEURS DE LA PEINTURE, ISSUS TANT DE L'ANCIEN TESTAMENT QUE DE LA FAMEUSE *HISTOIRE NATURELLE* DE PLINE L'ANCIEN, ET TENTE DE REDÉFINIR L'IMAGE PICTURALE À L'AUNE D'UN RAPPORT RENOUVELÉ AU RÉEL, AUX MOTS ET À L'ILLUSION.

PAR MARIA-MAGDALENA CHANSEL

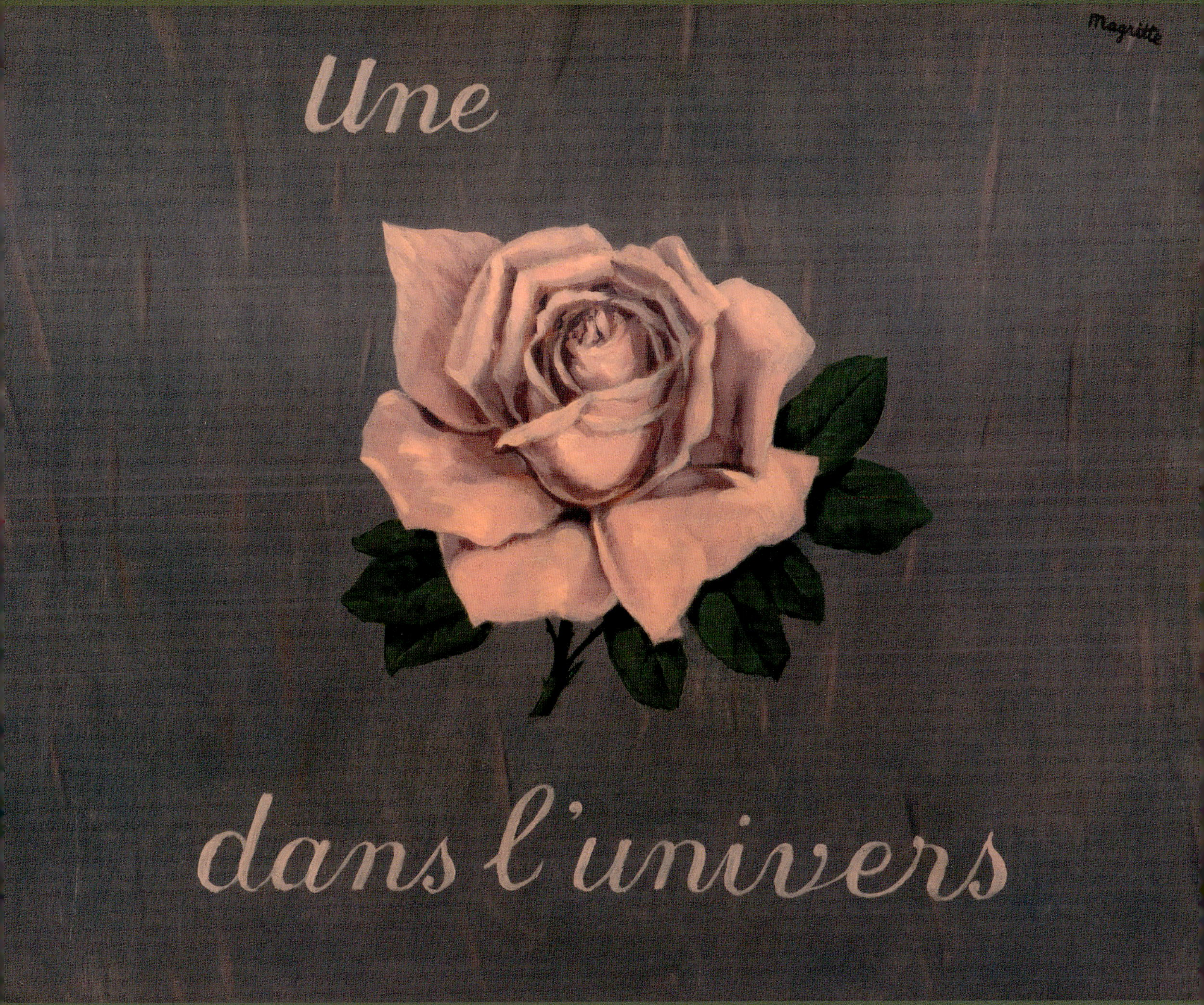

La Voix de l'absolu,
1955, huile sur toile,
40 x 50 cm,
collection particulière.

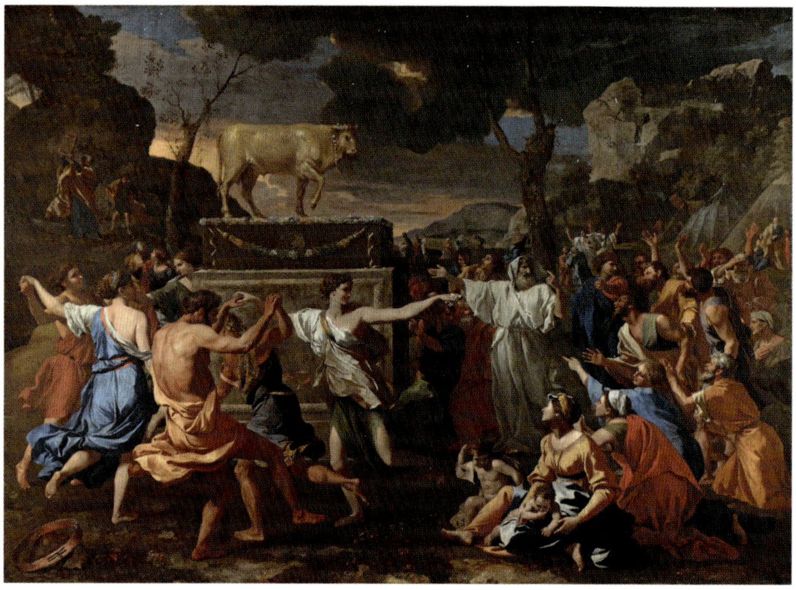

Mots et images

Lorsque Moïse descend du mont Sinaï avec les Tables de la Loi, il trouve les siens égarés dans l'adoration d'une idole. À la parole divine, le peuple d'Israël a préféré l'image mensongère... C'est également dans un contexte de méfiance par rapport à l'image, celui des premiers temps du surréalisme, que Magritte décide, non sans une certaine distance ironique, de faire de la peinture l'égale de la poésie. C'est ainsi que le peintre développe de nouveaux liens entre mots et images, en les affranchissant de la relation hiérarchique traditionnelle et en proposant, au contraire, des rapports d'équivalence, voire d'interchangeabilité. En cela, les préoccupations de Magritte sont moins sémiotiques que poétiques. Son objectif n'est pas tant de démontrer le rapport arbitraire des signes entre eux ou au réel, que de révéler la face cachée de celui-ci au travers de rapports inattendus et décalés entre les mots et les images. *La Clef des songes,* huile sur toile qui inaugure cette problématique et dont une première version date de 1927, fonctionne précisément sur la dissociation entre signe iconique et signe linguistique. Dissociation apparente seulement, car elle interroge surtout l'usage utilitariste des mots quand il s'agit de désigner des objets, et bouleverse ainsi notre vision du monde en produisant, par des associations surprenantes et incongrues, un effet poétique, *« beau comme la rencontre fortuite sur une table de dissection d'une machine à coudre et d'un parapluie »* (comte de Lautréamont, *Les Chants de Maldoror*).

Ci-dessus :
Anonyme, d'après Nicolas Poussin,
Le Veau d'or,
XVIIe siècle,
huile sur toile,
65 x 79 cm, Bordeaux,
musée des Beaux-Arts.

Page de droite :
La Clef des songes,
1935, huile sur toile,
41,3 x 27,3 cm,
collection Jasper Johns.

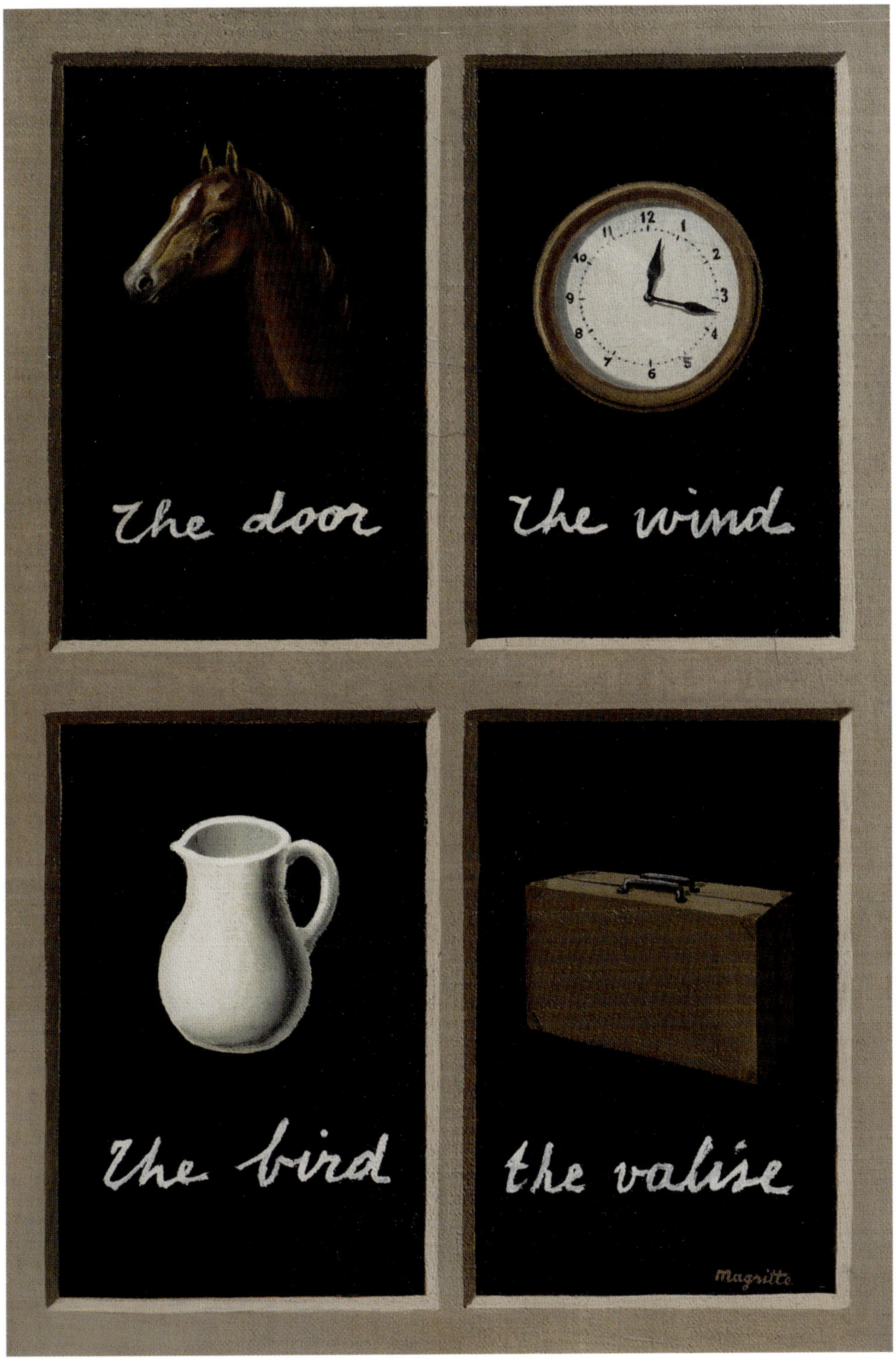

● *Quand le peuple vit que Moïse tardait à descendre de la montagne, le peuple s'assembla auprès d'Aaron et lui dit :* « Allons, fais-nous un dieu qui aille devant nous, car ce Moïse, l'homme qui nous a fait monter du pays d'Égypte, nous ne savons pas ce qui lui est arrivé. » *Aaron leur répondit :* « Ôtez les anneaux d'or qui sont aux oreilles de vos femmes, de vos fils et de vos filles, et apportez-les moi. » *Tout le peuple ôta les anneaux d'or qui étaient à leurs oreilles et ils les apportèrent à Aaron. Il reçut l'or de leurs mains, le fit fondre dans un moule et en fit une statue de veau ; alors ils dirent :* « Voici ton Dieu, Israël, celui qui t'a fait monter du pays d'Égypte. » *Yahvé dit alors à Moïse :* « Allons ! Descends ! Car ton peuple que tu as fait monter du pays d'Égypte s'est perverti. » *(...) Moïse se retourna et descendit de la montagne avec, en main, les deux tables du Témoignage, tables écrites des deux côtés, écrites sur l'une et l'autre face. (...) Les tables étaient l'œuvre de Dieu, et l'écriture était celle de Dieu, gravée sur les tables. Et voici qu'en approchant du camp il aperçut le veau et des chœurs de danse. Moïse s'enflamma de colère ; il jeta de sa main les tables et les brisa au pied de la montagne.*

Ancien Testament. Le Pentateuque - Exode XXXII,
trad. ed. du Cerf.

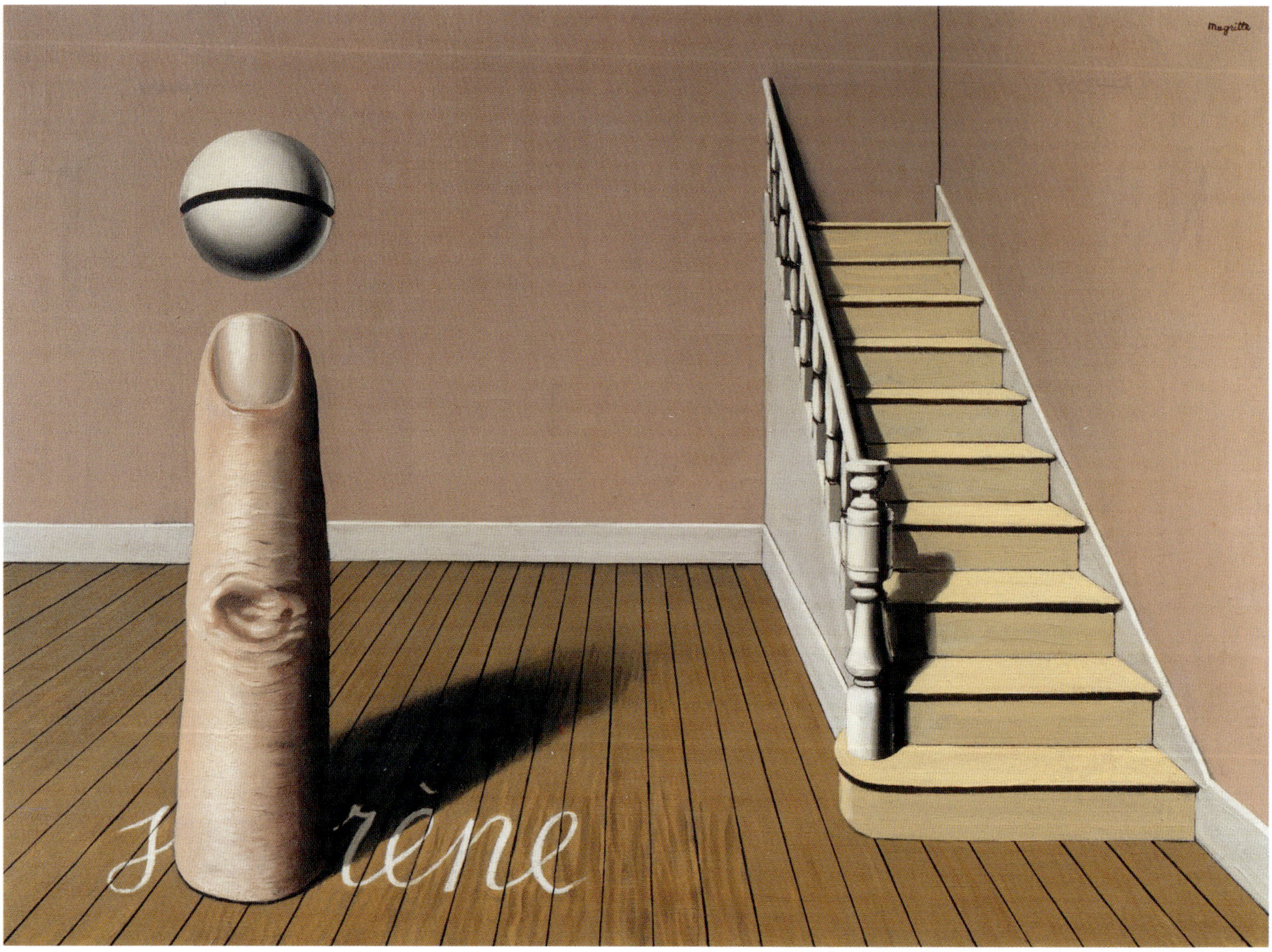

IMPASSE DU LANGAGE

Un doigt disproportionné qui simule la lettre I transperce le plancher, pointant vers un grelot en suspension qui lui sert de point. Cet index incarne précisément la capacité des mots à désigner les choses. Pourtant le titre de l'œuvre évoque un interdit, un sens dissimulé. Comme si la fonction « désignatrice » du langage amenait paradoxalement à masquer le sens réel des choses, nous menant dans une impasse, symbolisée, à l'évidence, par l'escalier sans perspective.

La Lecture défendue. L'Usage de la parole,
1936, huile sur toile, 54,4 x 73,4 cm,
Bruxelles, Musées royaux des Beaux-Arts de Belgique.

Mots et images

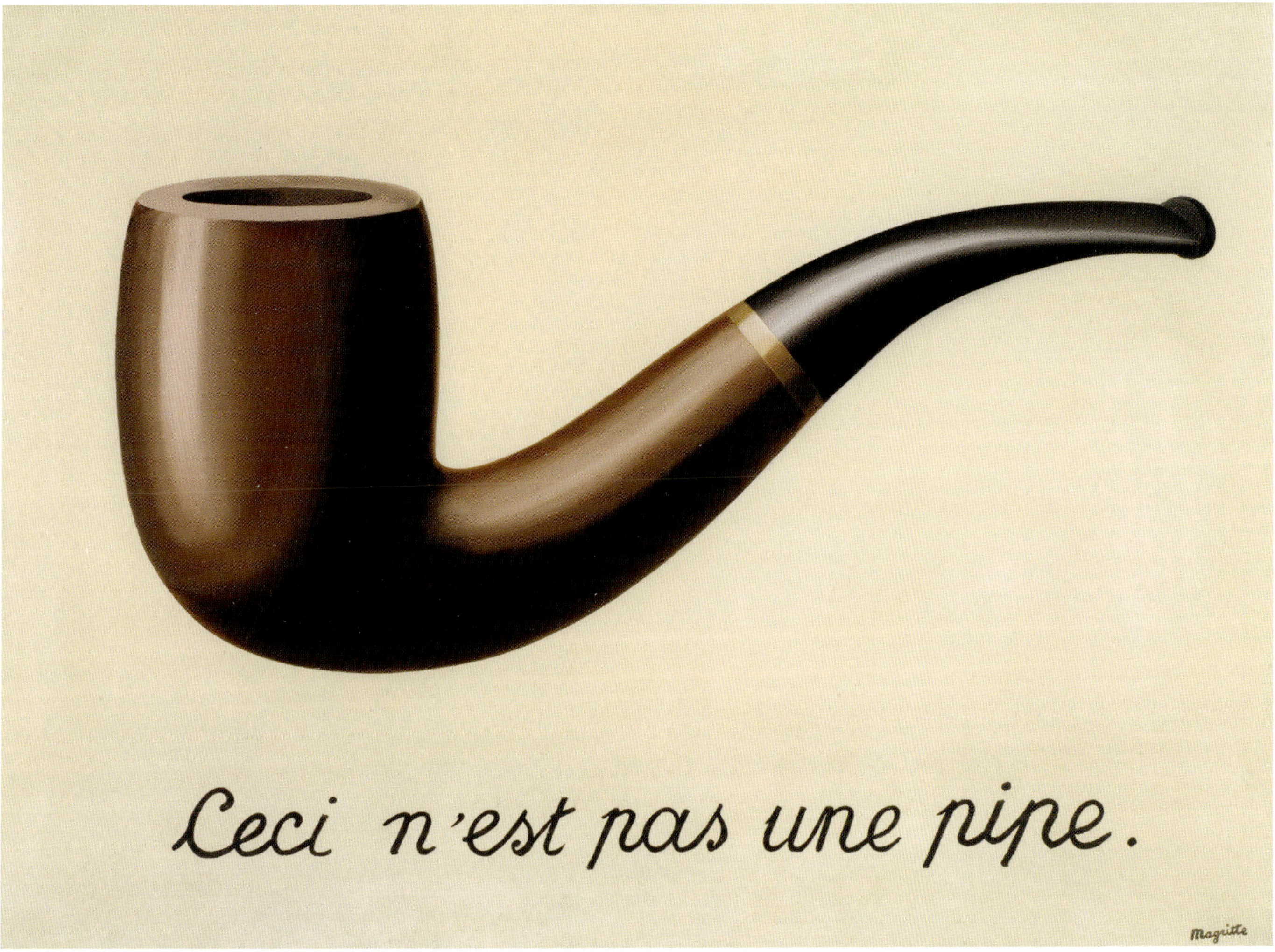

CECI N'EST PAS UNE PIPE

Formulé comme un énoncé didactique voué à bousculer notre habitude d'identifier le mot à l'image, *Ceci n'est pas une pipe* signale effectivement que la pipe peinte n'est pas la pipe réelle. Mais il s'agit également d'un clin d'œil à une définition de Paul Valéry détournée par Breton et Éluard : *« La poésie est une pipe. »* Dans ce contexte, la négation par Magritte de cet aphorisme amène à la formule : *« Ceci – l'image, la peinture – n'est pas de la poésie. »* Le peintre dénonce avec malice l'iconoclasme surréaliste.

La Trahison des images (Ceci n'est pas une pipe),
1929, huile sur toile, 60,3 x 81,1 cm,
Los Angeles, County Museum of Art.

Mots et images

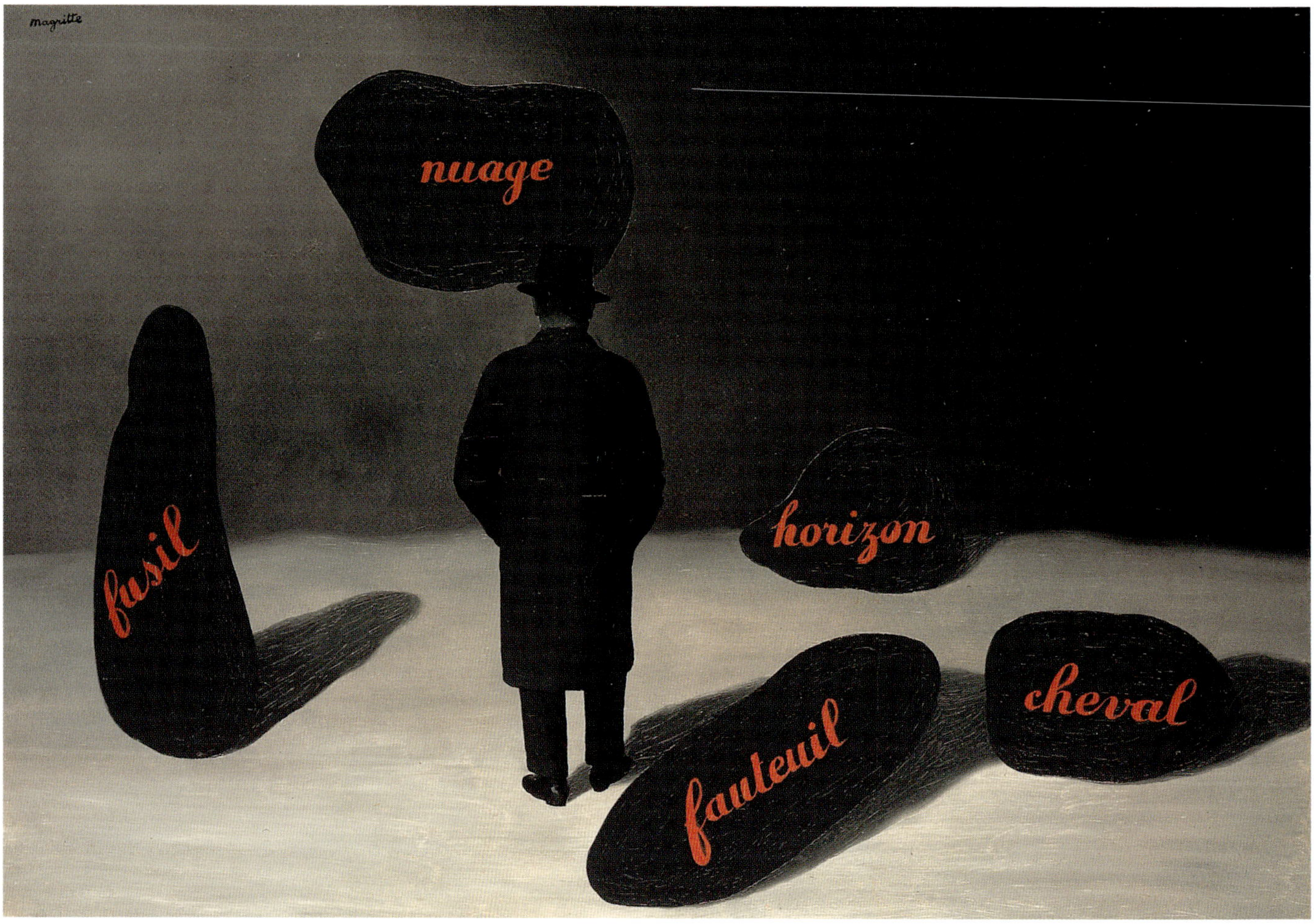

TABLEAUX DE MOTS

Des formes remplacent les objets auxquels les mots renvoient. Mais leur emplacement dans la composition correspond au lieu dans lequel l'objet réel devrait logiquement se trouver : le nuage au-dessus de l'homme qui nous tourne le dos, l'horizon à la limite entre ciel et terre, le fauteuil derrière la silhouette, prêt à la recevoir… Ici, les mots ont fait intrusion dans l'espace de l'image, dans sa *« méticuleuse ressemblance »* (Foucault), en faisant fuir l'objet et en imposant un ordre lugubre.

L'Apparition, 1928, huile sur toile, 82,5 x 116 cm, Stuttgart, Staatsgalerie.

DANGERS DU SOMMEIL

Dans sa boîte-cercueil, posée sur un espace indéfini, celui du rêve, le dormeur est téméraire : le sommeil le rend vulnérable, sans défense contre les agressions ou les rêves. Les objets dont rêve le personnage sont placés sur une sorte de stèle qui rappelle les palettes à fard de l'Égypte prépharaonique, de même que l'oiseau semble tout droit sorti d'un hiéroglyphe (D. Sylvester). À travers le rêve, l'homme revient-il à un état culturel et psychologique archaïque, où la pensée, avant de se constituer en langage, fonctionne en images ?

Le Dormeur téméraire, 1928, huile sur toile, 116 x 81 x 2 cm, Londres, Tate.

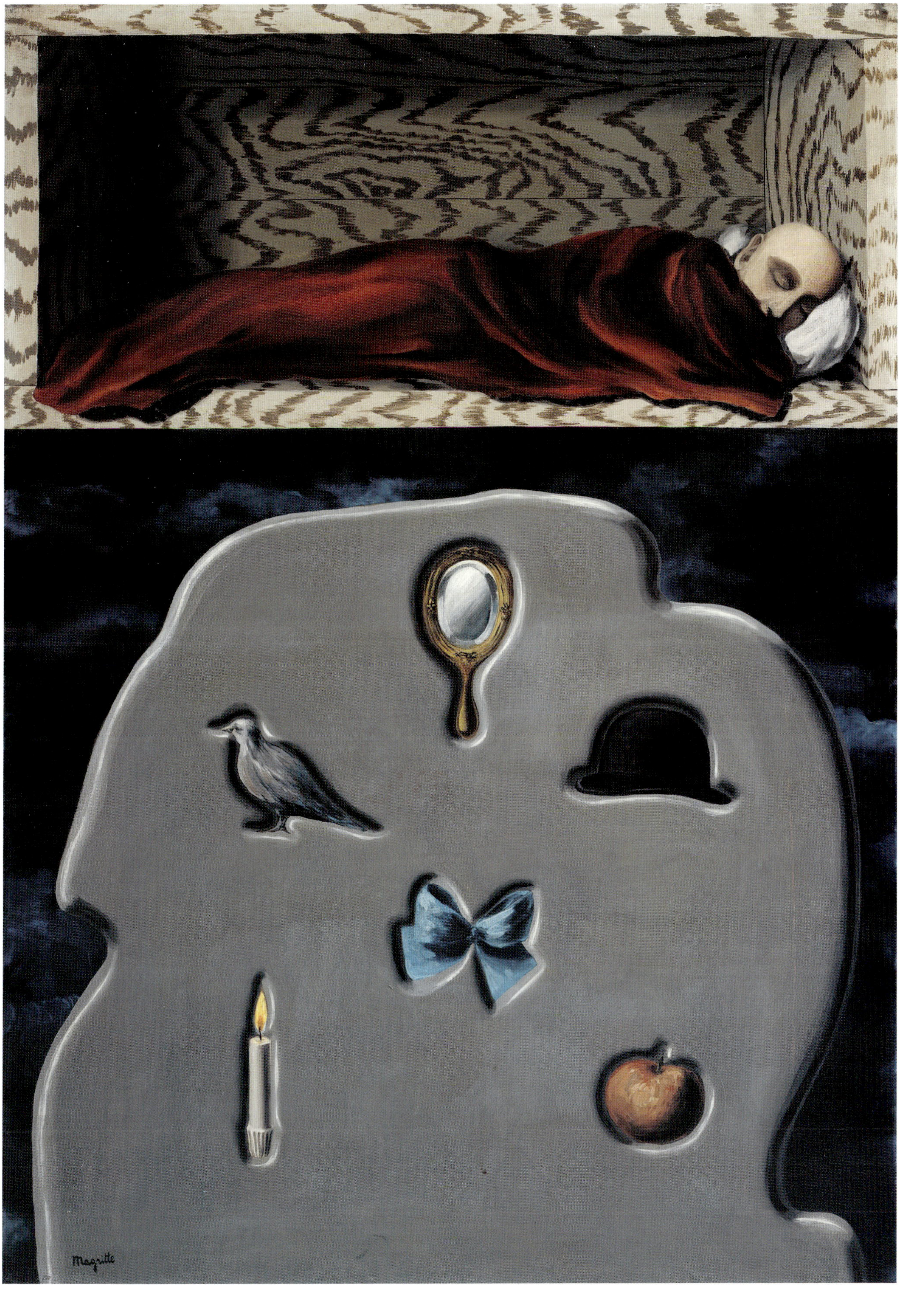
Magritte

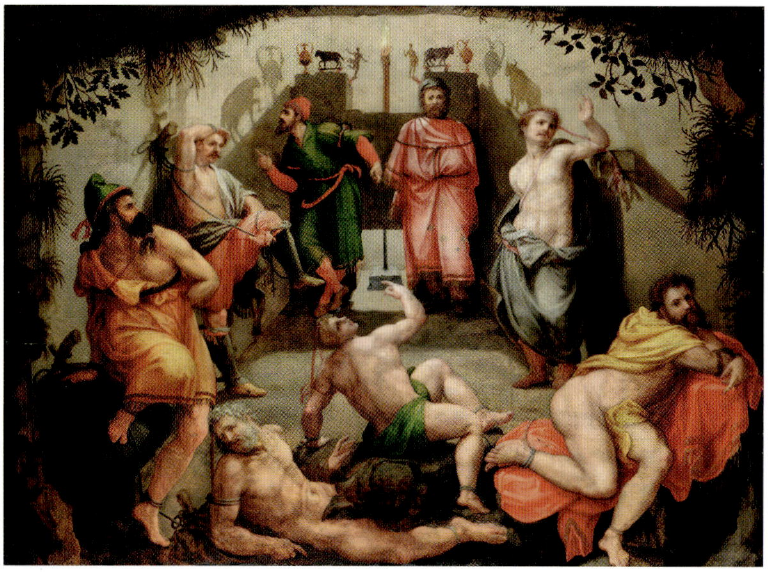

La caverne de Platon

Lorsque Magritte aborde le mythe platonicien de la caverne, il le fait en « peintre-philosophe » ayant déjà perçu la lumière de la vérité. C'est donc après cette révélation qu'il redescend dans la caverne – comme le préconise le récit platonicien – non pas pour amener le peuple à la connaissance, ainsi que le philosophe le ferait, mais pour abolir la distance entre le monde des apparences (celui des ombres projetées sur la paroi de la grotte) et le monde « vrai » (B. Cassin). Malgré la qualité mimétique de sa peinture, Magritte se pose en antiplatonicien, déconstruisant une tradition philosophique qui fait de l'image le double inférieur de la réalité. Mais que donne-t-il à voir exactement dans ces images qui renouvellent sans cesse le même dispositif : une grotte, du feu, un paysage, une peinture dans la peinture, une réalité derrière l'autre… ? Il s'agit du principe de la « ressemblance », clef de voute de la peinture classique, que Magritte détourne de sa fonction purement mimétique pour en faire un monde autonome, parallèle à celui de la réalité « vraie » et indépendant de l'ordre traditionnel des idées philosophiques. Ce qu'il met en lumière n'est donc pas une simple apparence, un double mensonger, mais bien l'incarnation d'une idée, d'un mystère derrière la réalité ordinaire. Et si la peinture nous fait voir cette idée, c'est qu'elle nous fait voir la pensée : *« Ut pictura philosophia » (« La peinture comme la philosophie »),* comme Didier Ottinger, commissaire de l'exposition, la définit en paraphrasant Horace.

Ci-dessus :
Michiel Coxcie
(attribuée à),
La Grotte de Platon,
milieu du XVIe siècle,
huile sur bois de
peuplier, 131 x 174 cm,
Douai, musée de la
Chartreuse.

Page de droite :
La Condition humaine,
1935, huile sur toile,
54 x 73 cm,
Norfolk Museum Service.

● *Socrate : « Représente-toi donc des hommes qui vivent dans une sorte de demeure souterraine en forme de caverne, possédant, tout le long de la caverne, une entrée qui s'ouvre largement du côté du jour ; à l'intérieur de cette demeure ils sont, depuis leur enfance, enchaînés par les jambes et par le cou, en sorte qu'ils restent à la même place, ne voient que ce qui est en avant d'eux, incapables d'autre part, en raison de la chaîne qui tient leur tête, de tourner celle-ci circulairement. Quant à la lumière, elle leur vient d'un feu qui brûle en arrière d'eux, vers le haut et loin. (…) Dès lors, les hommes dont telle est la condition ne tiendraient, pour être le vrai, absolument rien d'autre que les ombres projetées par les objets fabriqués. (…) Quand l'un de ces hommes aura été délivré et forcé soudainement à se lever, à tourner le cou, à marcher, à regarder du côté de la lumière ; quand, en faisant tout cela, il souffrira ; quand, en raison de ses éblouissements, il sera impuissant à regarder lesdits objets, dont autrefois il voyait les ombres (…). C'est maintenant, dans une bien plus grande proximité du réel et tourné vers de plus réelles réalités, qu'il aura dans le regard une plus grande rectitude ? »*

Platon, *La République, Livre VII*, trad. de Léon Robin (1866-1947).

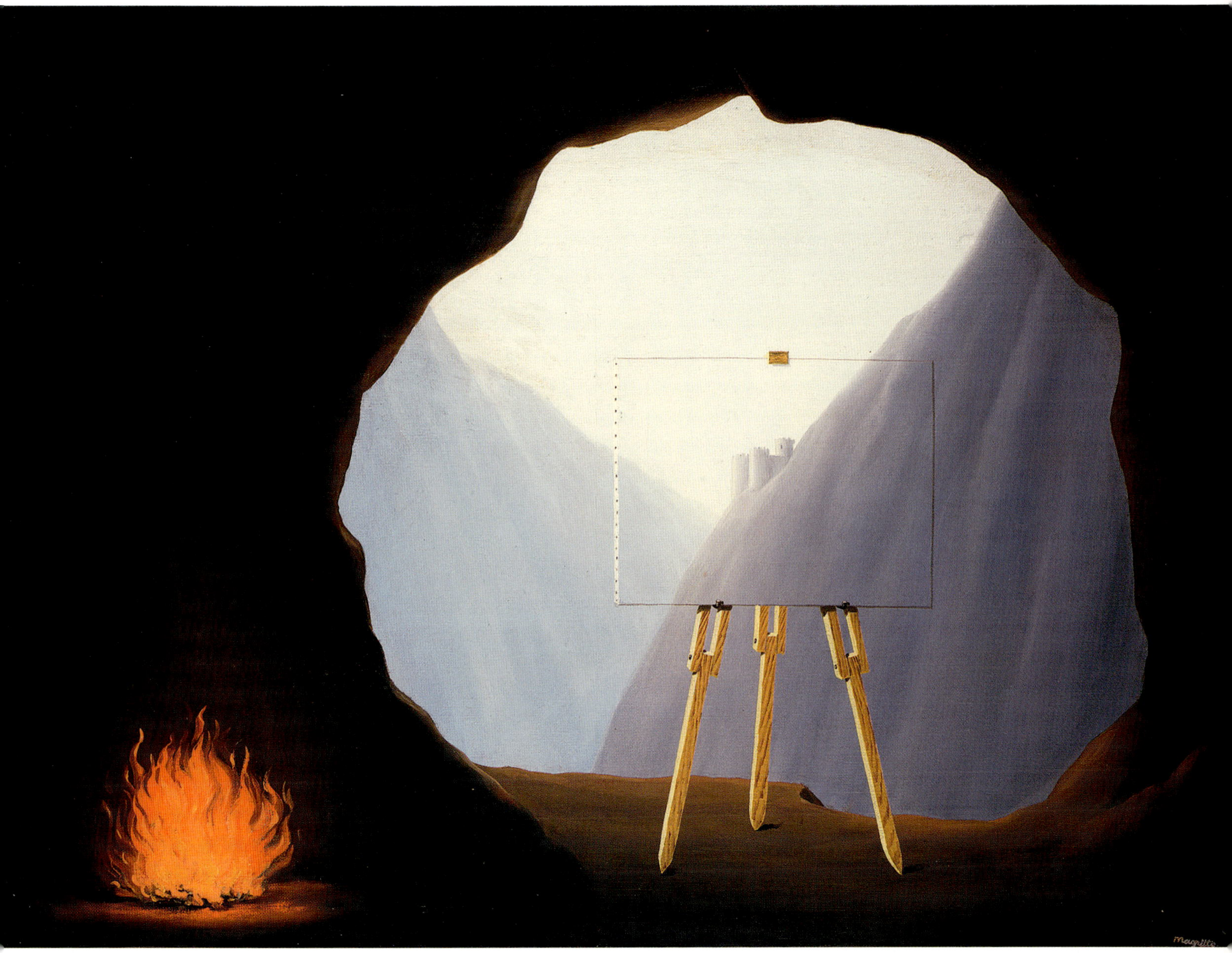

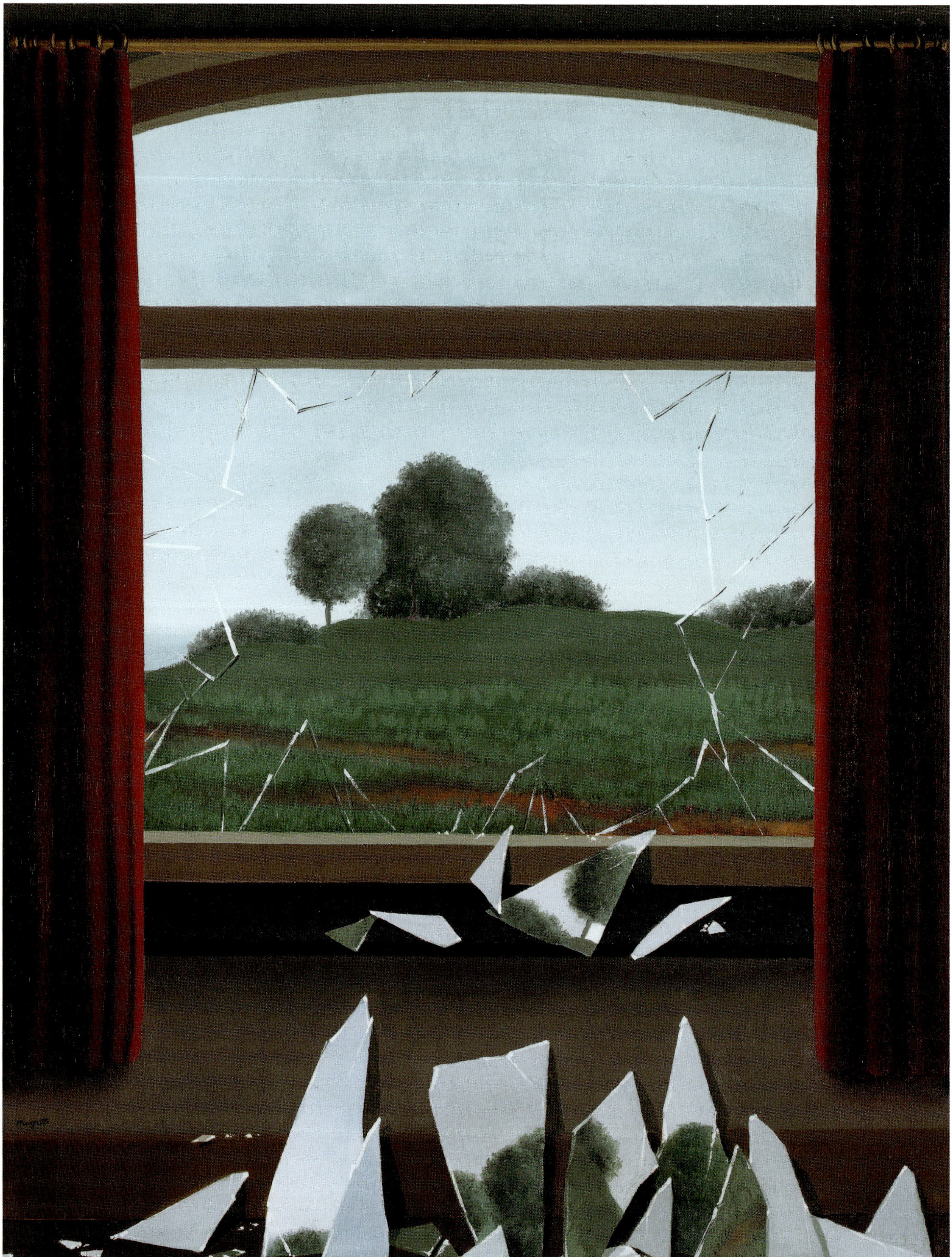

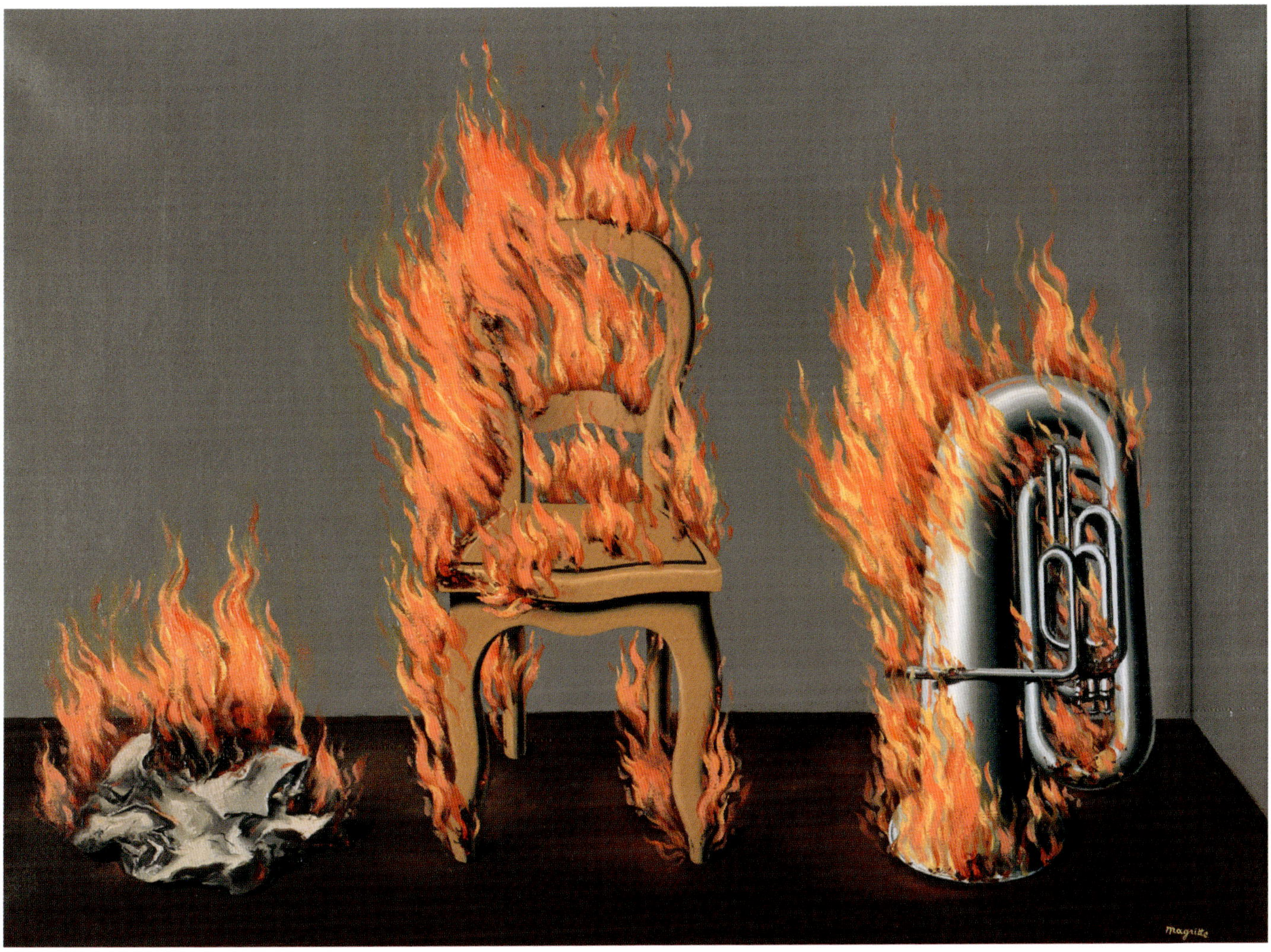

RÉSOUDRE DES PROBLÈMES

Après son séjour parisien, Magritte rentre à Bruxelles, où il substitue *« un art du problème »* à son travail précédent sur le rapport du langage à l'image. Il expose sa nouvelle approche en 1938, lors d'une conférence intitulée « La Ligne de vie », où il développe l'idée selon laquelle à chaque problème visuel, une solution s'impose au-delà des apparences, comme une *« évidence que la conscience occulterait et que l'image aurait pour tâche de restaurer et de révéler »*. L'un des problèmes envisagés est celui de la fenêtre, traité par Magritte au travers d'une série de peintures dans laquelle s'inscrit *La Clef des champs*. Ici, le doublement de la représentation du paysage dans les débris met en question la notion de réel dans l'art : derrière la transparence illusoire de la vitre, que nous cache-t-on, que nous dévoile-t-on ? Briser la fenêtre (geste libérateur qui renvoie au titre), c'est dénoncer l'illusion sans pour autant atteindre la vérité.

Page de gauche : ***La Clef des champs,*** 1936, huile sur toile, 81 x 60 cm, Madrid, Museo Thyssen-Bornemisza.

Ci-dessus : ***L'Échelle du feu,*** 1934, huile sur toile, 54 x 73 cm, collection particulière, courtesy Guggenheim, Asher Associates.

La caverne de Platon

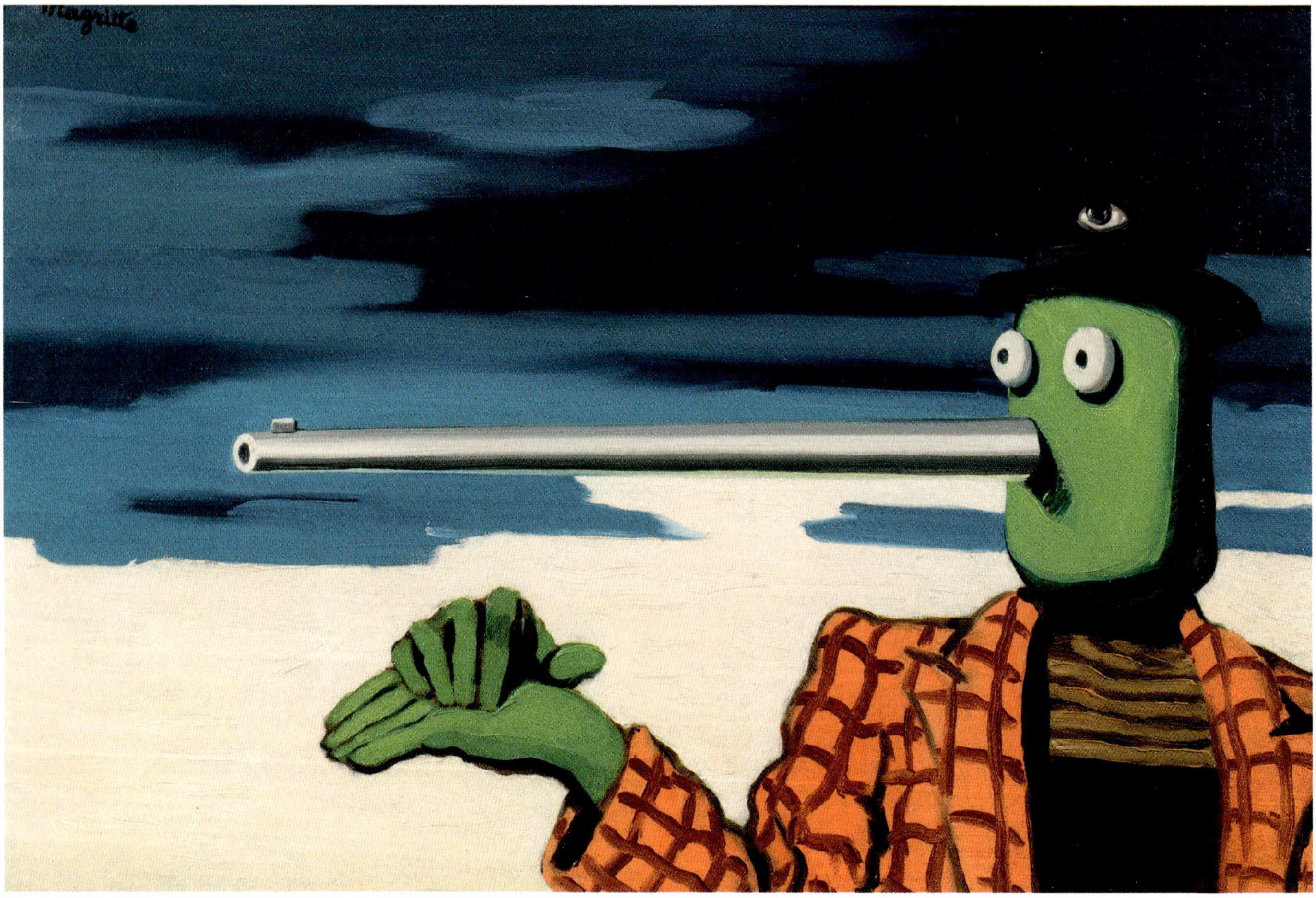

PINOCCHIO MENAÇANT

Le tableau, à l'iconographie délibérément absurde, s'inscrit dans la période « vache » de Magritte : une série de peintures de facture lâche, empâtée et haute en couleur, exécutée pour sa première exposition personnelle à Paris en 1948, qui contredit la manière académique et froide pour laquelle le peintre est connu. Ce personnage, un Pinocchio menaçant (le nez en fusil) mais néanmoins clairvoyant (le troisième œil), est la réponse « vache » de Magritte à un surréalisme parisien dont il combat le dogmatisme par l'humour.

L'Ellipse, 1948, huile sur toile, 50,3 x 73 cm, Bruxelles, Musées royaux des Beaux-Arts de Belgique.

AU-DELÀ DE L'ILLUSION

« Le problème de la porte appelait un trou par lequel on pouvait passer », affirme Magritte dans « La Ligne de vie ». C'est la solution envisagée dans ce tableau tardif qui reprend les questionnements des années 1930 sur l'emploi de la métaphore et sa force poétique. Pour voir au-delà des apparences, l'artiste défonce littéralement la porte et nous oblige en sus à un saut dans le vide par-dessus une balustrade. Un acte de foi violent, physique, mais qui permet, paradoxalement, d'atteindre une sereine réalité.

L'Acte de foi, 1960, huile sur toile, 130 x 97 cm, collection particulière.

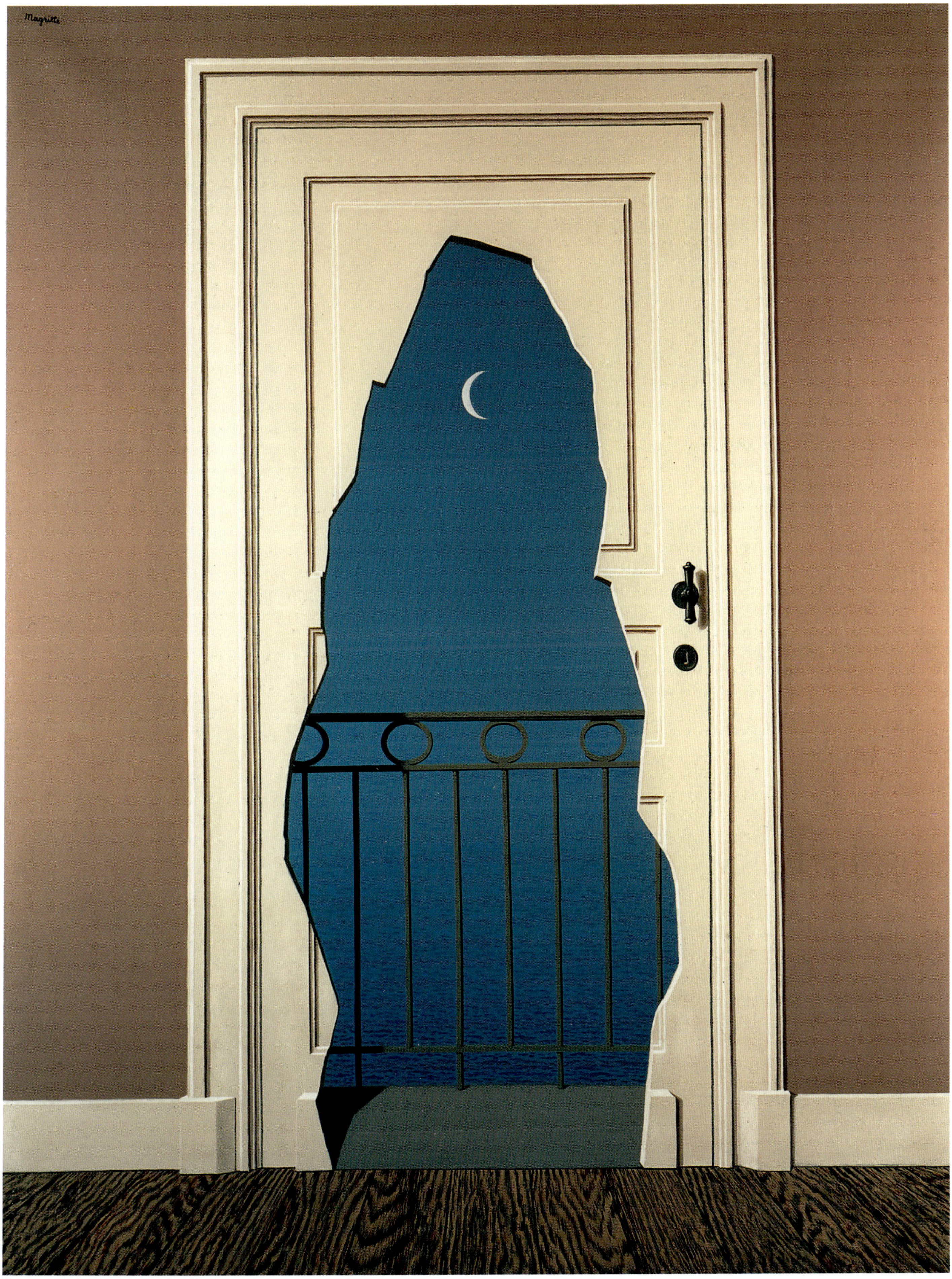
Magritte

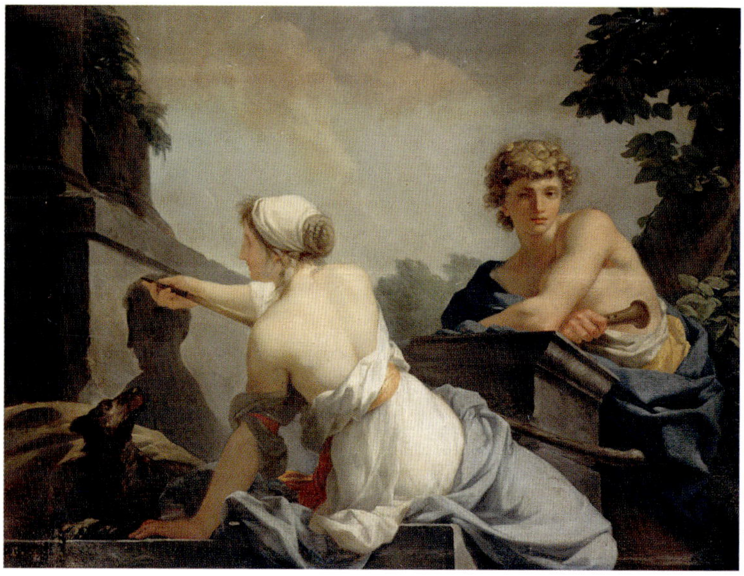

Les interrogations de Magritte sur le statut ontologique et philosophique de l'image passent également par la référence à l'histoire de Dibutade de Sicyone et de sa fille. Ce mythe raconte comment le désir de garder la trace de la figure absente de l'être aimé est à l'origine de l'invention de la peinture. D'emblée, le récit antique pose la peinture dans un contexte érotique, nié, à partir de la Renaissance, par les discours idéalistes qui en feront un pur produit de l'esprit. Mais il ne s'agit pas non plus de croire, tel que le mythe le suggère, que la peinture serait seulement une copie fidèle de la réalité. En introduisant dans ses peintures des ombres et des figures dédoublées, en simulant des procédés comme la décalcomanie, Magritte incorpore des distorsions ou des écarts subtils entre la copie et l'original. Il montre ainsi l'autonomie du double et, par-delà, remet en question la foi héritée de l'Antiquité dans le principe de la ressemblance. Pour le peintre belge, la ressemblance ne relève pas de l'imitation, nous l'avons déjà dit. Au contraire, elle est *« un acte qui n'appartient qu'à la pensée »,* autrement dit, elle nous fait voir ce que l'œil ne nous permet pas de saisir – l'invisible. C'est bien là qu'intervient la poétique magrittienne, soucieuse de nous ouvrir les portes d'un monde parallèle, au-delà de la réalité quotidienne, en attirant notre attention sur le potentiel mystérieux de chaque objet – cette *« chose attachée à lui dans l'ombre de ma conscience ».*

L'invention de la peinture

Ci-dessus :
Jean-Baptiste Regnault, ***L'Origine de la peinture,*** ou ***Dibutade dessinant le portrait de son amant,*** 1785, huile sur toile, 120 x 140 cm, Versailles, musée national des châteaux de Versailles et du Trianon.

Page de droite :
L'Heureux Donateur, 1966, huile sur toile, 55,5 x 45,5 cm, Bruxelles, collection du musée d'Ixelles.

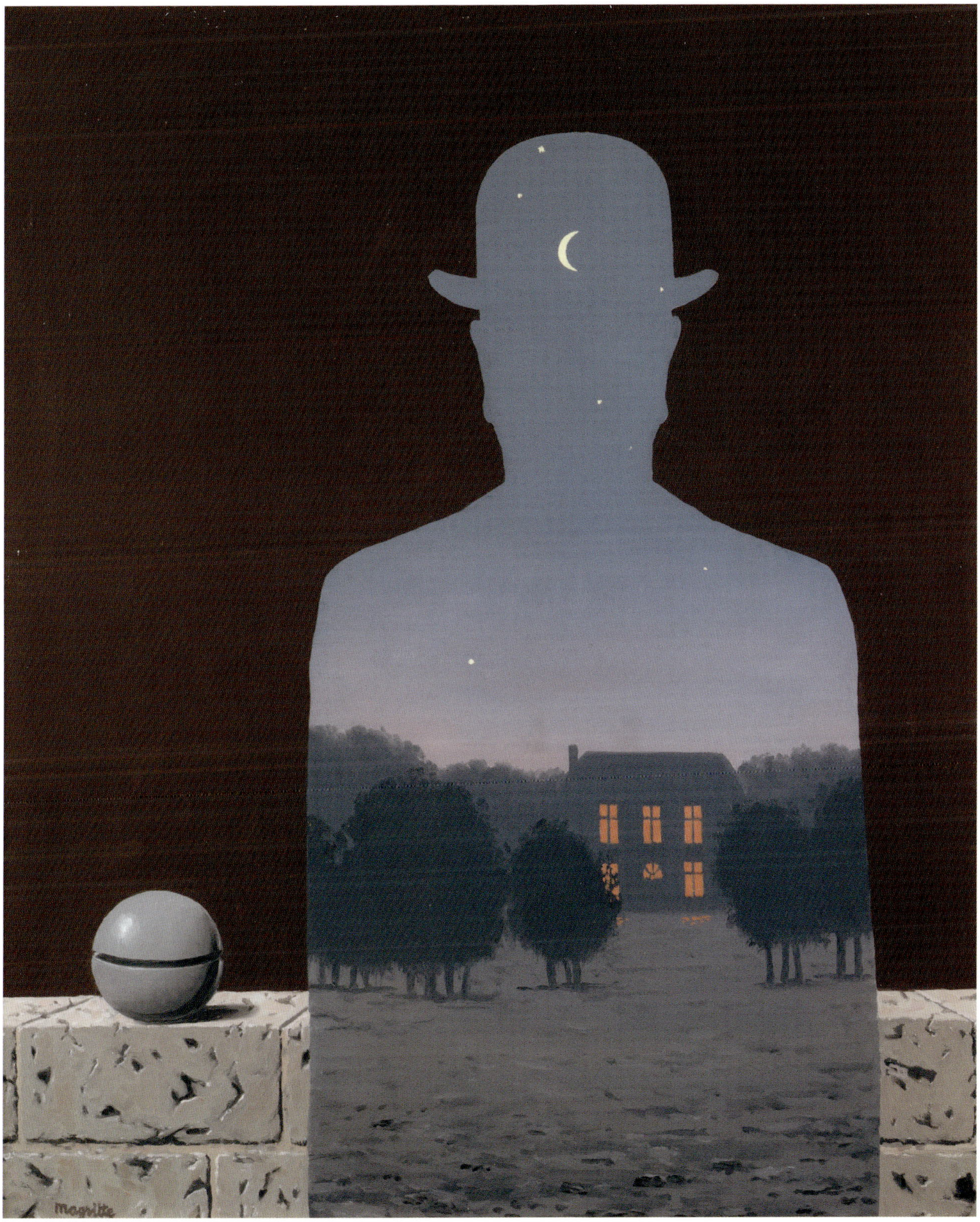

● *« Il convient maintenant de parler de l'art de modeler, ou plastique. Dibutade de Sicyone, potier de terre, fut le premier qui inventa, à Corinthe, l'art de faire des portraits avec cette même terre dont il se servait, grâce toutefois à sa fille : celle-ci, amoureuse d'un jeune homme qui partait pour un lointain voyage, renferma dans des lignes l'ombre de son visage projeté sur une muraille par la lumière d'une lampe ; le père appliqua de l'argile sur ce trait, et en fit un modèle qu'il mit au feu avec ses autres poteries. »*

Pline l'Ancien, *Histoire naturelle*, tome second, livre XXXV.

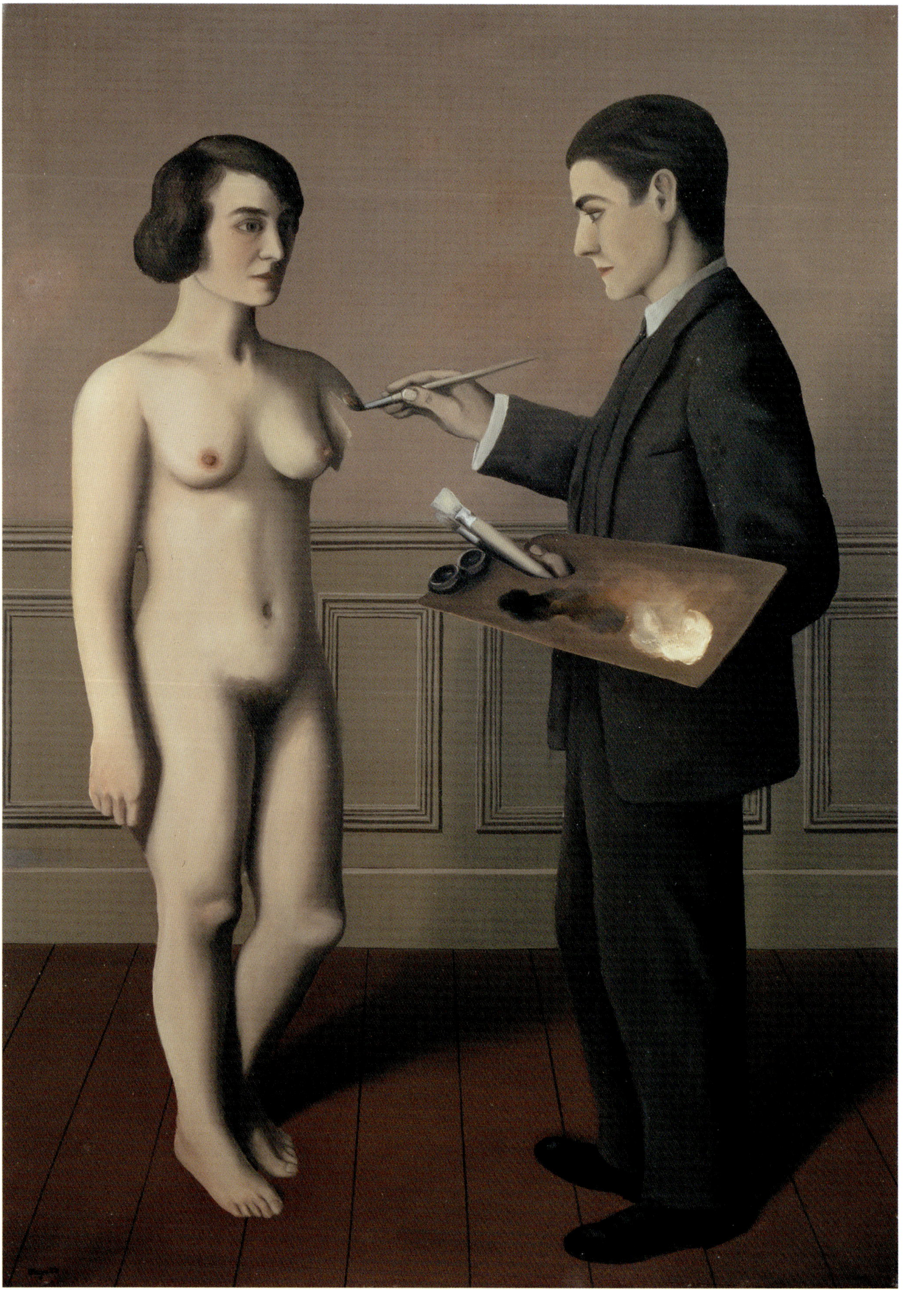

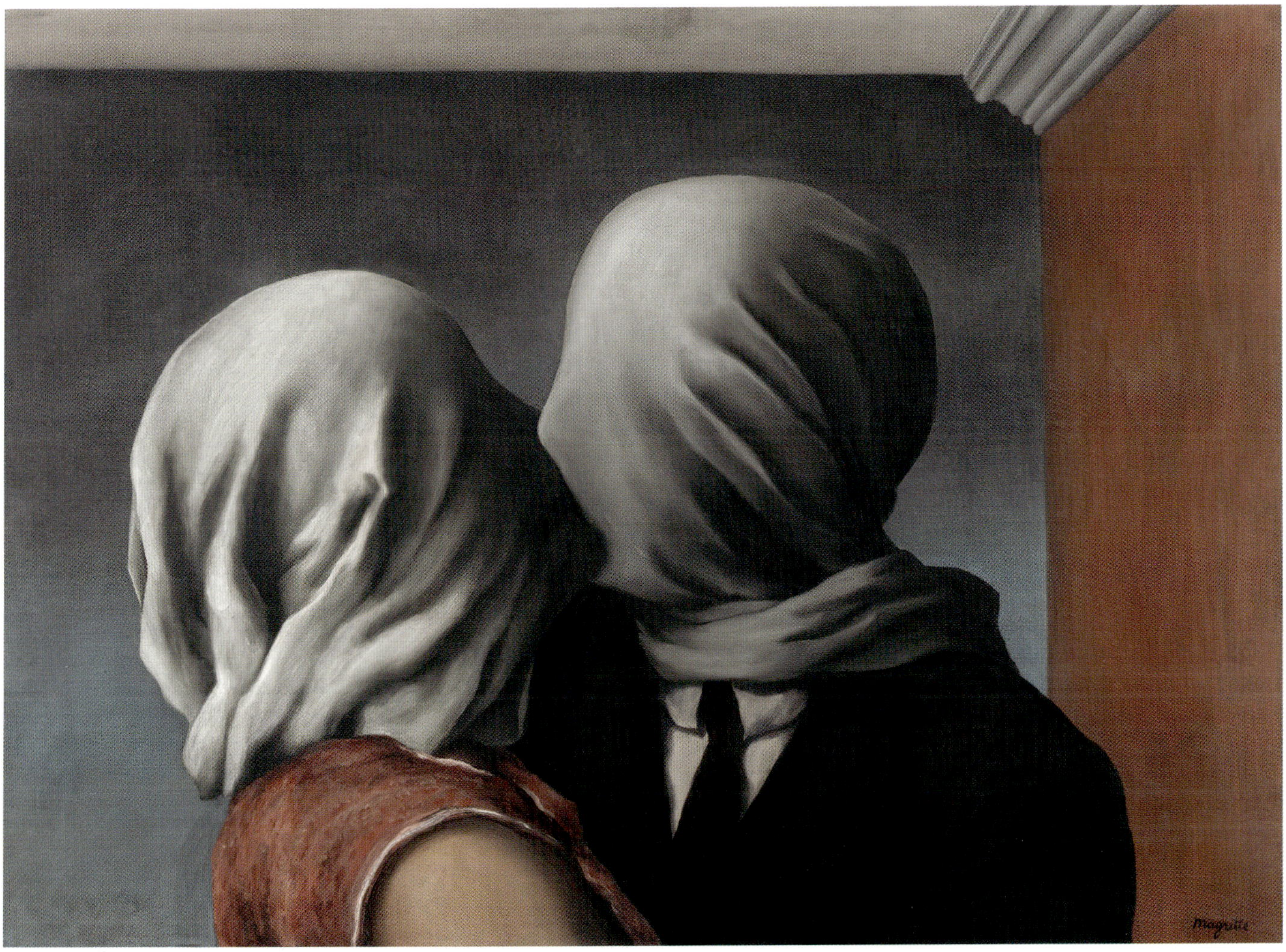

AMOUR SUFFOCANT

Il est tentant de voir dans cette image un jeu très magrittien autour de l'expression *« l'amour rend aveugle »*. On y perçoit cependant des aspects bien plus sombres : l'image du baiser voilé induit le spectre de la suffocation, voire de la mort, et renvoie, peut-être, au souvenir traumatisant pour le peintre, de la mort de sa mère, sortie noyée des eaux couverte d'un voile.

Les Amants, 1928, huile sur toile, 54 x 73,4 cm, New York, The Museum of Modern Art.

CONSTRUIRE LA RÉALITÉ

L'œuvre met en scène l'acte même de peindre les étapes nécessaires à la construction de la réalité. La ressemblance et ses artifices constituent donc le sujet de ce tableau déconcertant, dont l'inachèvement (le bras gauche est en cours d'exécution) est un moyen de questionner la fidélité à la nature tout en soulignant le caractère artificiel de l'art. Mais le ton neutre, dépassionné, est aussi une manière de désacraliser cet acte, transformé ici en une activité routinière, mécanique.

Tentative de l'impossible, 1928, huile sur toile, 116 x 81 cm, Japon, Toyota Municipal Museum of Art.

L'invention de la peinture

DÉDOUBLEMENT

« Décalcomanie ? », se demande Foucault dans son essai sur Magritte *Ceci n'est pas une pipe*. Mais de quoi sur quoi ? De la silhouette sur le paysage ou du paysage sur le rideau ? D'autant qu'il ne s'agit pas d'une décalcomanie car *« le pan de rideau qui reste accroché à l'épaule du bonhomme sur la droite et qui correspond à la petite fraction de rideau cachée par la silhouette à gauche montre l'origine du découpage du ciel-paysage »*. Magritte dévoile ainsi ce que son personnage cache, l'horizon de son monde intérieur, en opposition à son apparente banalité.

La Décalcomanie, 1966, huile sur toile, 81 x 100 cm, Dr Noémi Perelman Mattis et Dr Daniel C. Mattis.

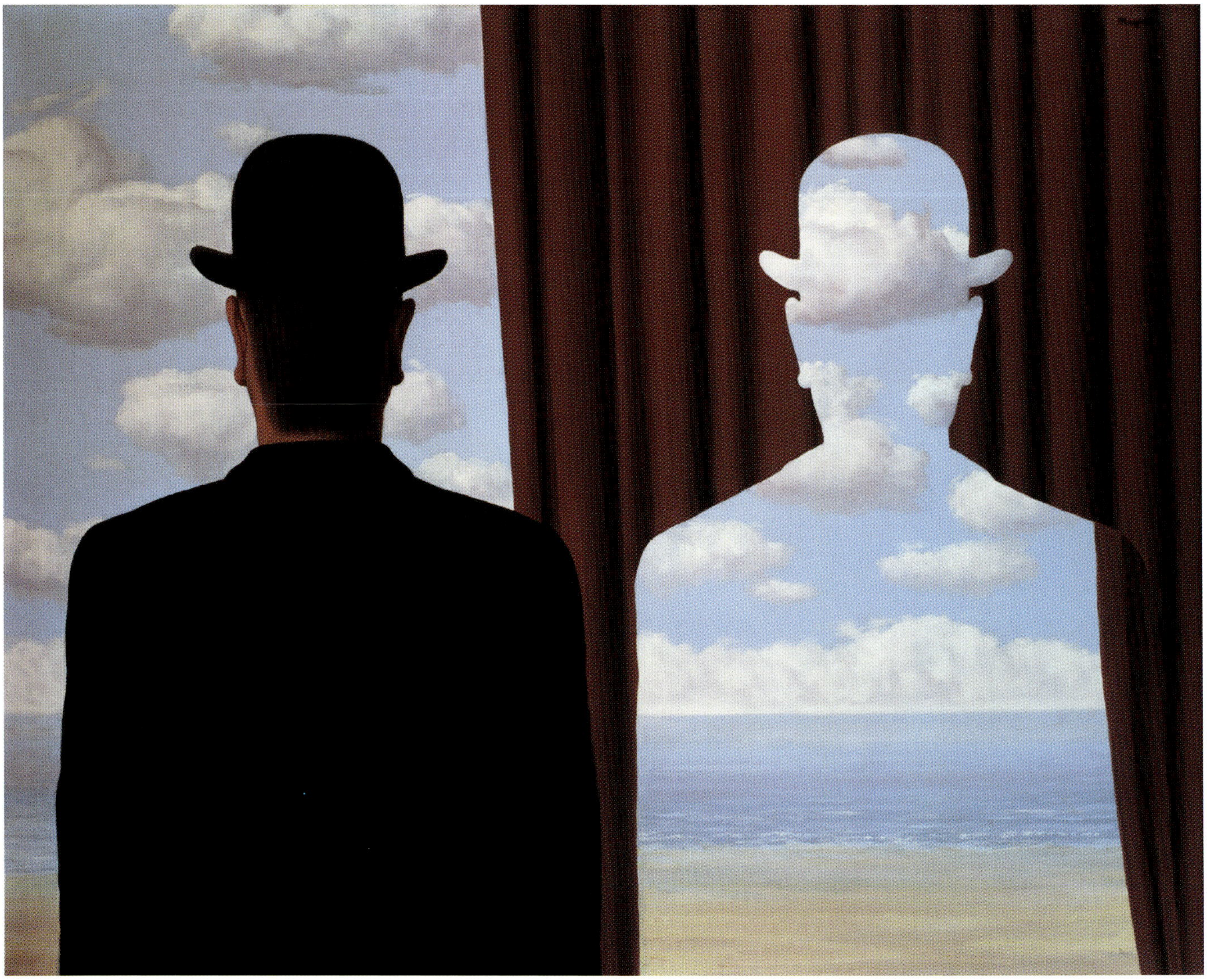

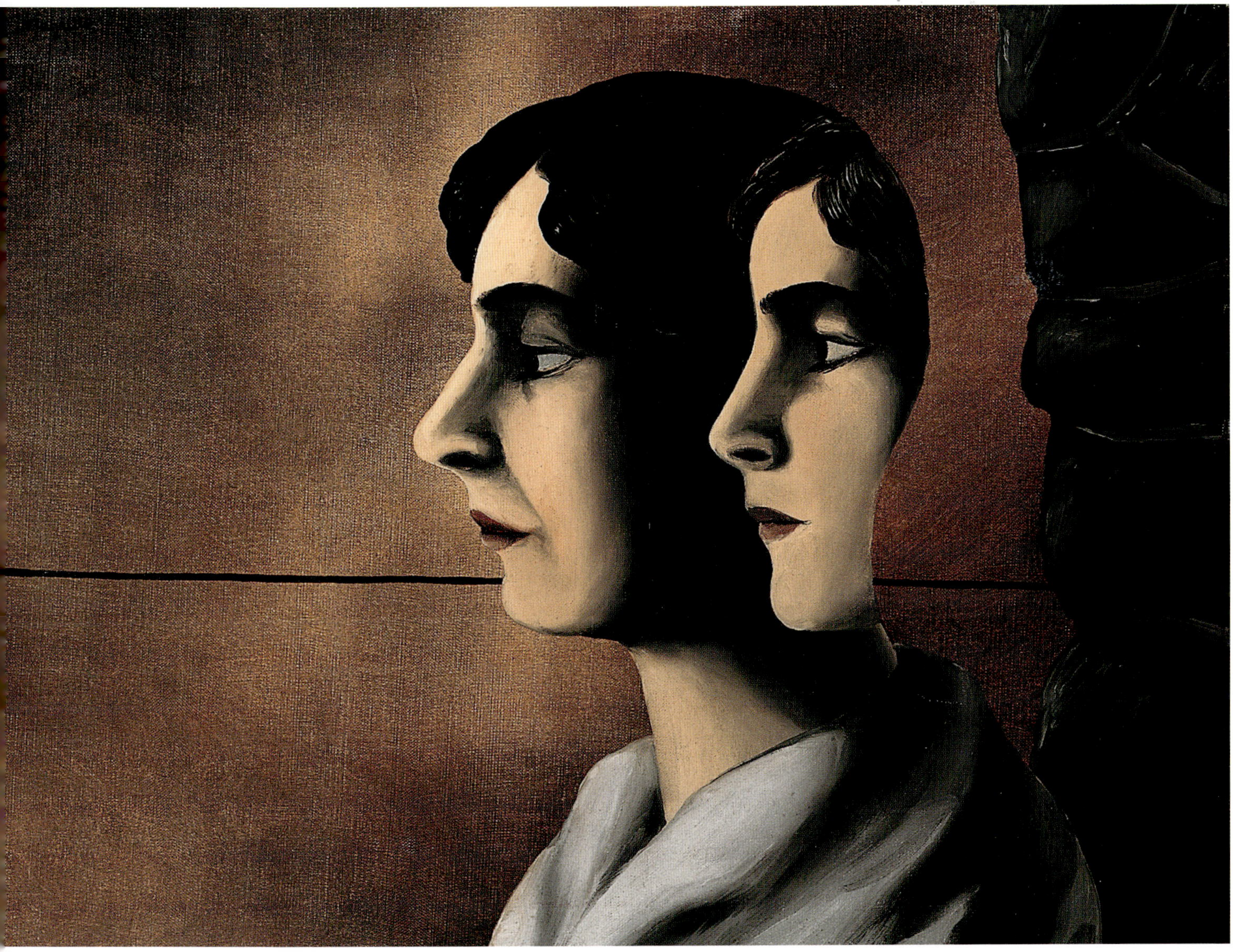

L'OMBRE DE LA CONSCIENCE

Une femme vêtue d'un drap blanc, le regard vague, à l'ombre d'un objet indéfini recouvert d'un drap noir : c'est une image macabre, traversée qui plus est par une ligne de rupture noire. Mais le motif est complexifié par la présence d'un deuxième visage, inscrit dans la forme du premier, comme tapi dans l'ombre de sa conscience. Les traits semblent plus jeunes, l'expression moins abattue… Mais rien ne dit qu'il s'agit de la même femme à différents âges de la vie. Quoi qu'il en soit, les deux facettes de cette femme sont unies dans leur regard et leur expression triste. Si le tableau évoque un deuil, ce sont toutes les femmes qui ont été cette femme qui en sont également frappées.

Les Regards perdus, 1927-1928, huile sur toile, 50 x 65 cm, collection particulière, Belgique.

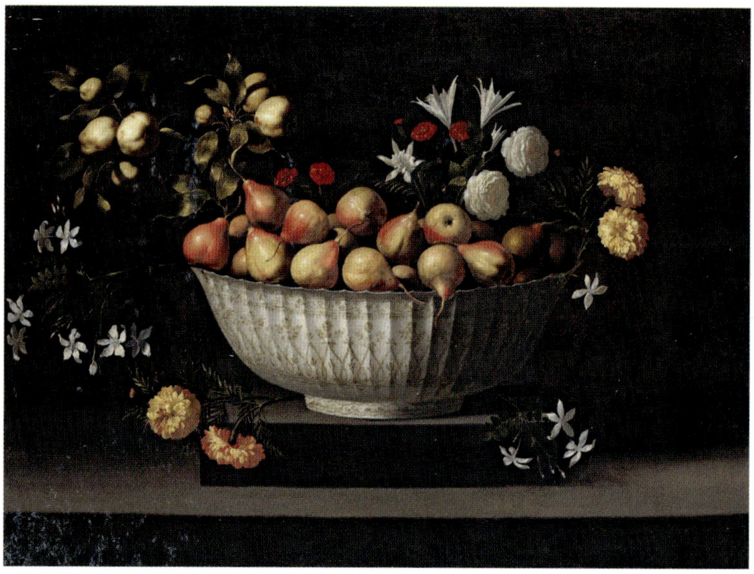

Récurrent dans l'œuvre de Magritte, le motif du rideau fait référence à une autre anecdote de Pline, celle du dépassement du grand peintre Zeuxis par son rival Parrhasius lors d'une compétition autour de l'illusionnisme pictural. Le récit antique définit ainsi la peinture comme une *mimesis* et son aboutissement comme une imitation tellement parfaite qu'elle en trompe les plus avertis. Zeuxis lui-même se laisse prendre au piège du trompe-l'œil en s'apprêtant à enlever le rideau qui feint de recouvrir le tableau de Parrhasius. Mais voilà que la peinture ne dévoile rien d'autre que son artifice, car elle n'est que représentation. Les maîtres du Siècle d'or hollandais s'étaient fait une spécialité de cette approche, multipliant astucieusement les dispositifs de mise à distance (rideau, cadre, porte, fenêtre...) pour faire de la peinture un jeu savant entre la perfection illusionniste et sa propre dénonciation. Magritte prolonge en quelque sorte l'expérience hollandaise en se focalisant exclusivement sur la mise en scène de ces dispositifs, en explorant leurs possibilités de faire du sens au-delà de leur usage habituel de mise en scène. Le rideau, en particulier, devient une figure privilégiée, métaphore par excellence de l'image en tant que représentation. Ainsi, comme ce dernier, l'image peut être opaque ou transparente, se plier ou se déplier. Elle peut révéler autant qu'occulter, dévoiler autant que dissimuler, dans un jeu de cache-cache avec le réel qui est le propre de la démarche magrittienne.

Le rideau de Parrhasius

Ci-dessus :
Juan de Zurbarán, Fleurs et fruits dans une coupe en porcelaine,
vers 1645, huile sur toile, 82,6 x 108,6cm, Chicago, The Art Institut.

Page de droite :
Le Beau Monde,
1962, huile sur toile, 100 x 81 cm, collection particulière, Care of Sotheby's.

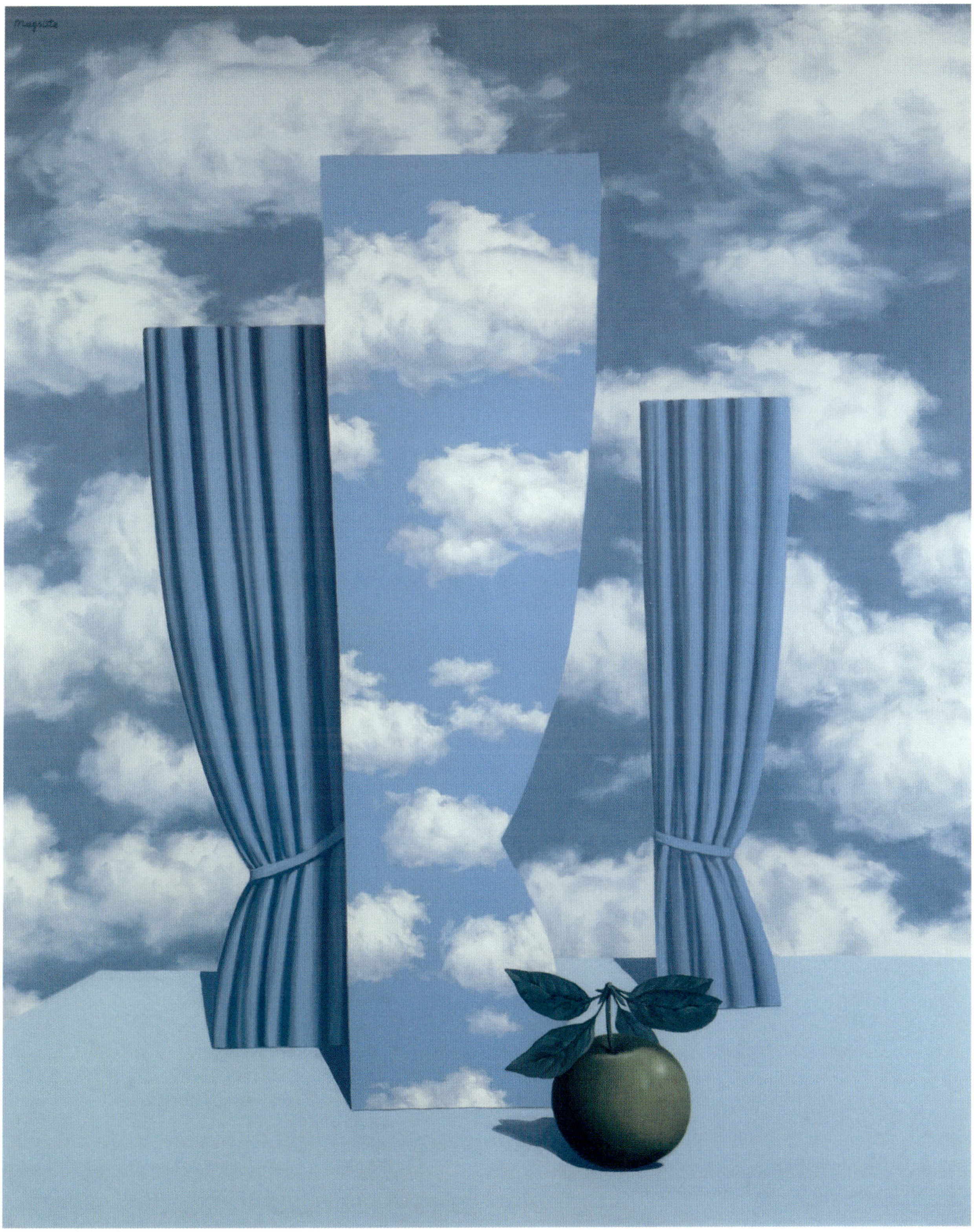

• *[Zeuxis] eut pour contemporains et pour émules Timanthès, Androcyde, Eupompe, Parrhasius. Ce dernier, dit-on, offrit le combat à Zeuxis. Celui-ci apporta des raisins peints avec tant de vérité, que des oiseaux vinrent les becqueter ; l'autre apporta un rideau si naturellement représenté, que Zeuxis, tout fier de la sentence des oiseaux, demanda qu'on tirât enfin le rideau, pour faire voir le tableau. Alors, reconnaissant son illusion, il s'avoua vaincu avec une franchise modeste, attendu que lui n'avait trompé que des oiseaux, mais que Parrhasius avait trompé un artiste, qui était Zeuxis. On dit encore que Zeuxis peignit plus tard un enfant qui portait des raisins : un oiseau étant venu les becqueter, il se fâcha avec la même ingénuité contre son ouvrage, et dit : « J'ai mieux peint les raisins que l'enfant ; car si j'eusse aussi bien réussi pour celui-ci, l'oiseau aurait dû avoir peur. »*

Pline l'Ancien, *Histoire naturelle*, tome second, livre XXXV, chapitre 36, trad. E. Littré.

Le rideau de Parrhasius

AU-DELÀ DU RIDEAU

« Le ciel est en forme de rideau parce qu'il nous cache quelque chose. Nous sommes entourés de rideaux. » Ainsi répondait Magritte en 1964 à un journaliste qui le questionnait sur la récurrence de ce motif dans son œuvre. Dans *Les Mémoires d'un saint*, les motifs du rideau et du ciel sont interchangeables, l'opacité de l'un se muant en transparence de l'autre, la finitude de l'un contenant l'infinité de l'autre. Un objet hybride paradoxal qui nous rappelle que dans le registre de l'image, les figures qui semblent opposées sont en fait interchangeables.

Les Mémoires d'un saint, 1960, huile sur toile, 80 x 99,7 cm, Houston, The Menil Collection.

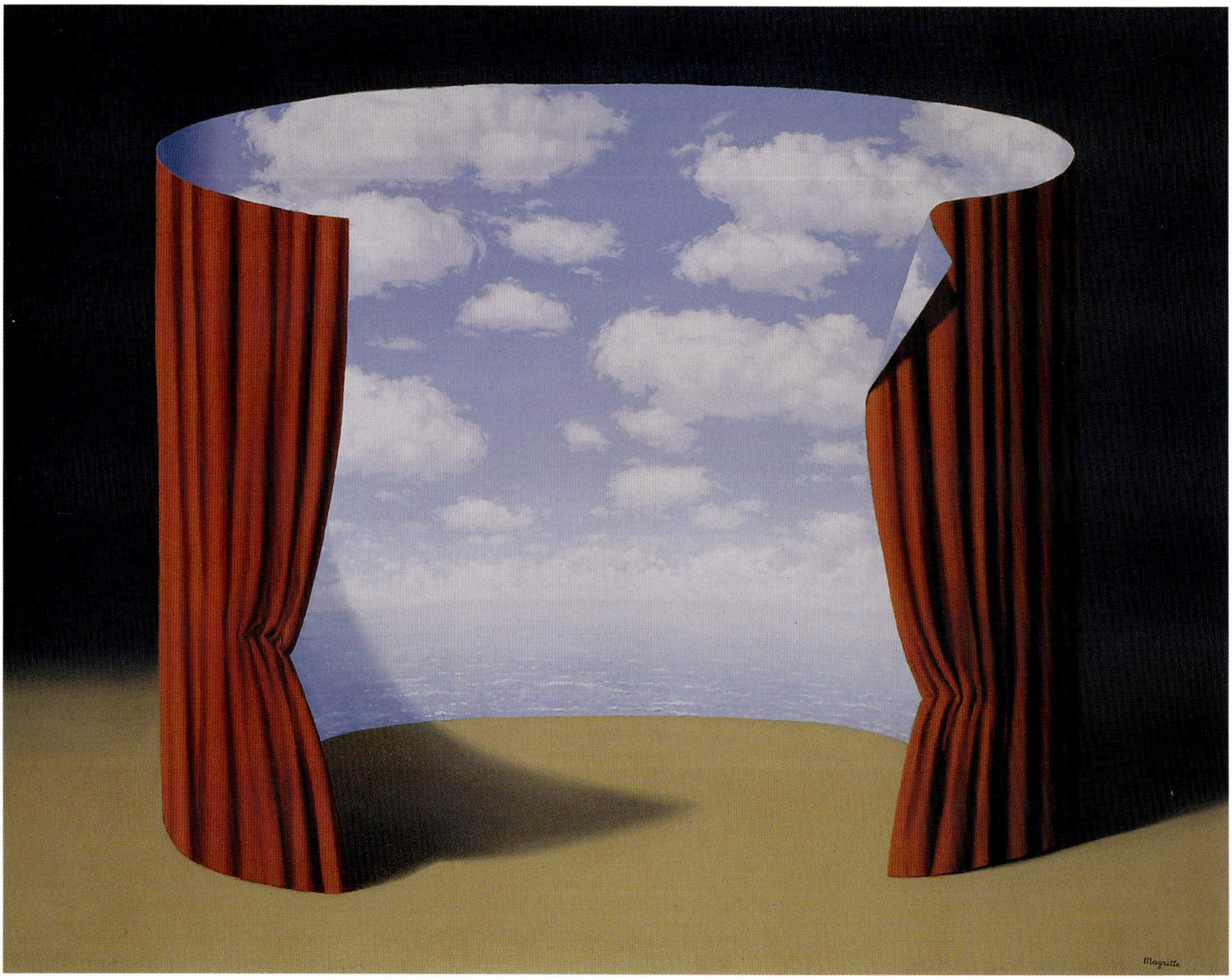

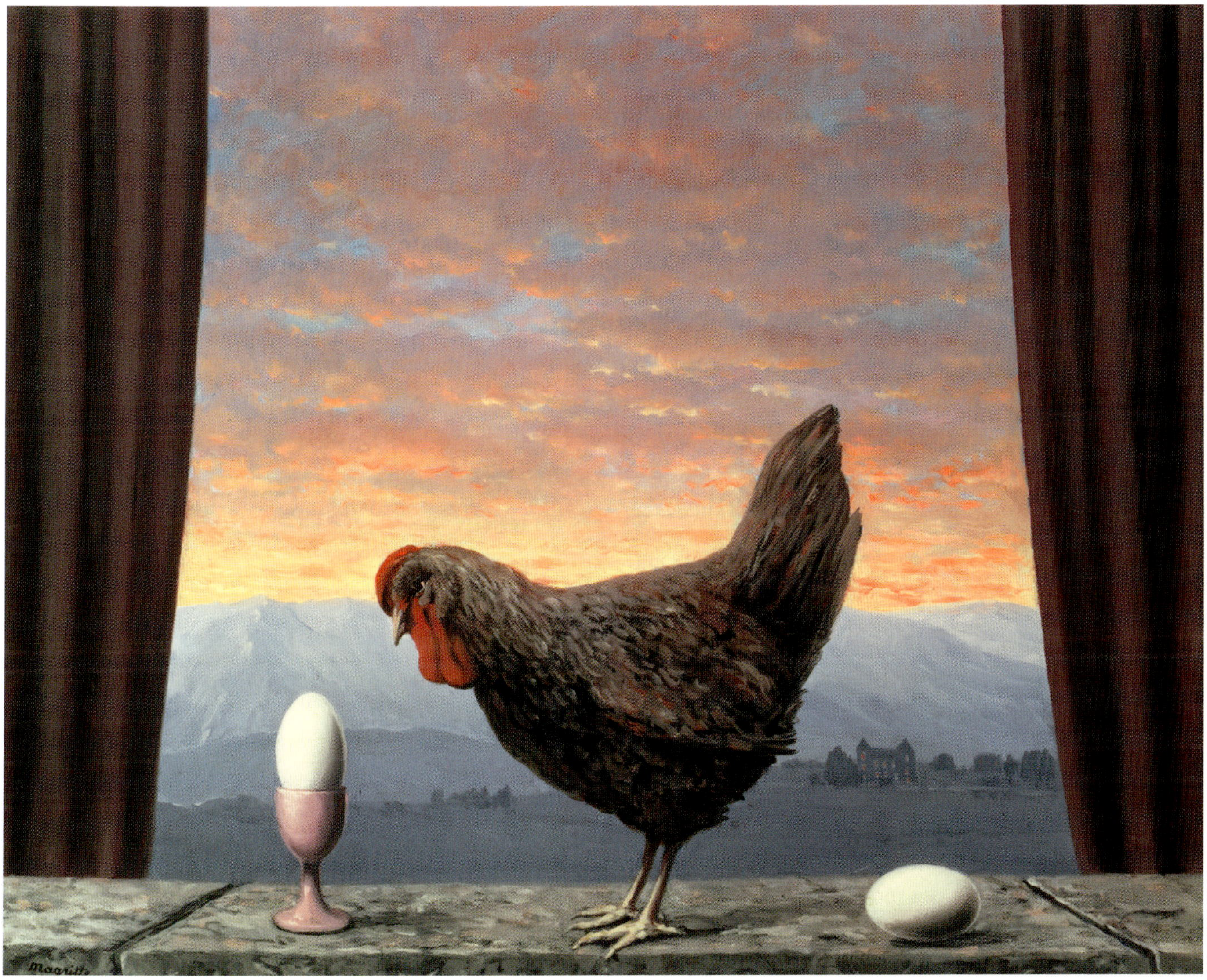

L'ŒUF OU LA POULE

Dans cette œuvre, Magritte s'empare du paradoxe classique de « l'œuf ou la poule », qui synthétise la question métaphysique de l'origine. Qui vient en premier ? Ce paradoxe, le peintre le met en scène en grande pompe : rideaux de théâtre, poule à l'avant-scène sur un sol de marbre, avec à l'arrière-plan un coucher de soleil flamboyant, des éléments de décorum « à la hauteur » d'un questionnement métaphysique… Mais il désacralise l'allégorie en introduisant un intrus : l'œuf à la coque, objet domestique, banal, que la poule regarde d'un air interloqué, posé qu'il est sur son coquetier comme sur un piédestal. La formule consacrée devient par ce sarcasme « l'œuf ou la poule… ou l'œuf à la coque », et le caractère grandiloquent du discours philosophique se trouve désamorcé par la force de l'image.

Variante de la tristesse, 1957, huile sur toile, 50,2 x 60,3 cm, Perth, Kerry Stokes Collection.

Le rideau de Parrhasius

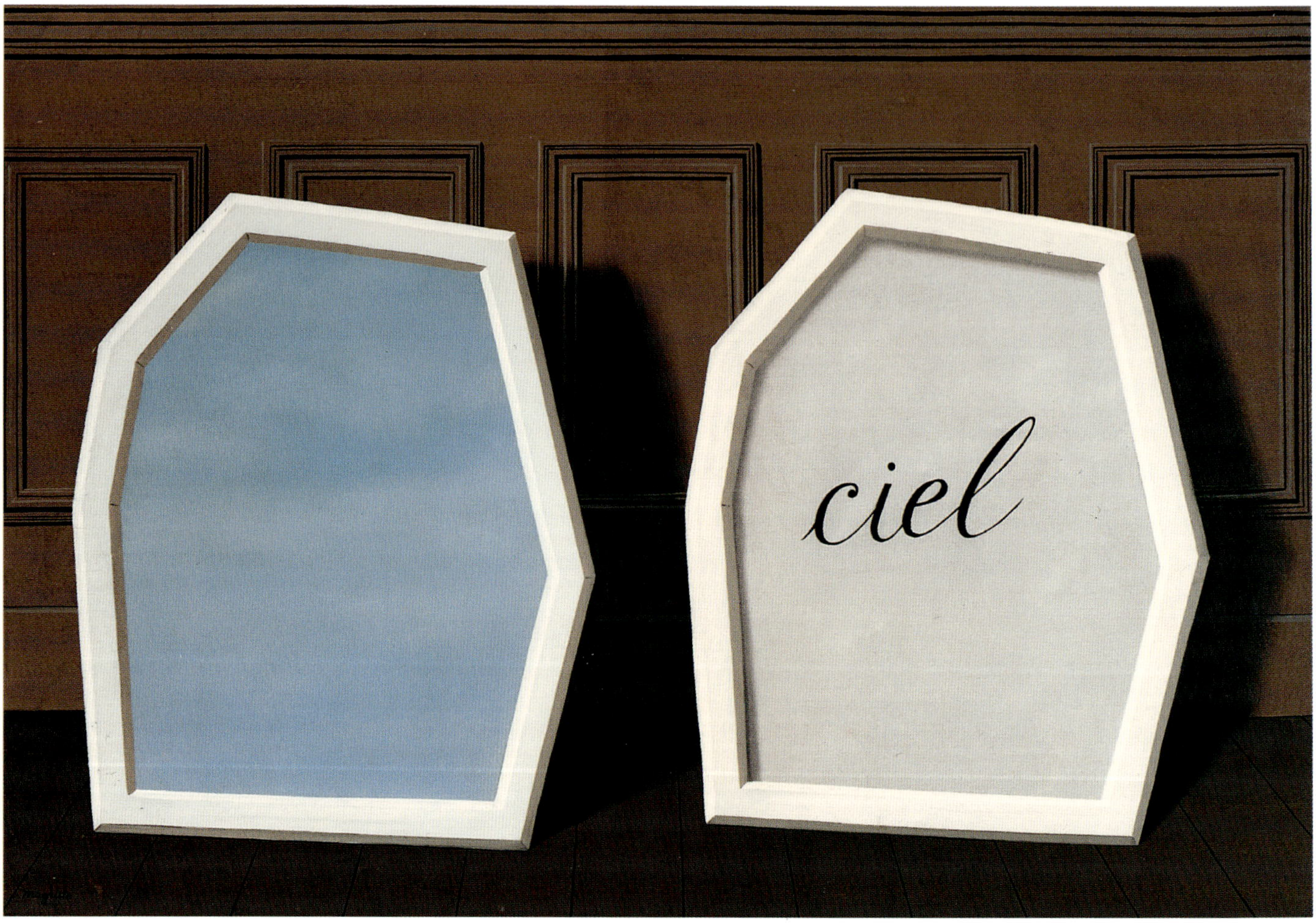

MOTS ARBITRAIRES

Réalisé pendant le séjour parisien du peintre, ce tableau de mots illustre l'exact opposé du principe à l'œuvre dans *La Trahison des images.* Ici, le mot désigne effectivement l'objet représenté à sa gauche. En fait, le tableau met en scène une des maximes du texte illustré *Les Mots et les Images,* publié par Magritte dans *La Révolution surréaliste* en 1929 : *« On voit autrement les images et les mots dans un tableau, les images procèdent par ressemblance, mais les mots sont des signes arbitraires. »*

Le Palais de rideaux III, 1928-1929, huile sur toile, 81,2 x 116,4 cm, New York, The Museum of Modern Art.

LA PENSÉE VISIBLE

« Des choses visibles peuvent être invisibles », proclame Magritte dans une lettre écrite en 1965 à son ami et collaborateur, le poète André Bosmans. *« Lorsque quelqu'un passe à cheval dans une forêt, d'abord vous les voyez, puis vous ne les voyez plus, mais vous savez qu'ils sont là. Dans le tableau* Le Blanc-Seing, *la cavalière cache les arbres et les arbres cachent la cavalière. Mais notre pensée englobe le visible aussi bien que l'invisible. J'utilise la peinture pour rendre visible la pensée. »*

Le Blanc-Seing, 1965, huile sur toile, 81,3 x 65,1 cm, Washington, National Gallery of Art.

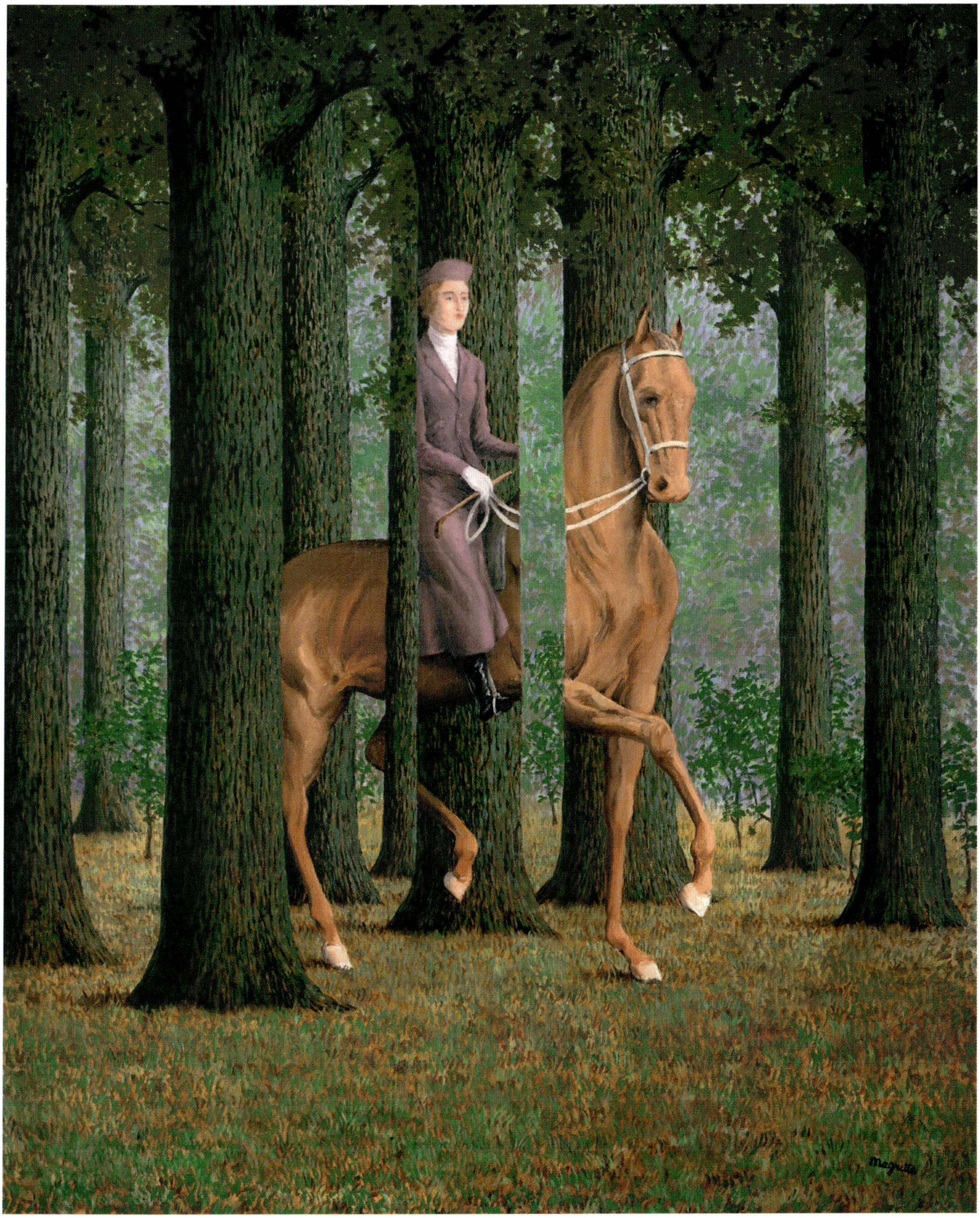
Magritte

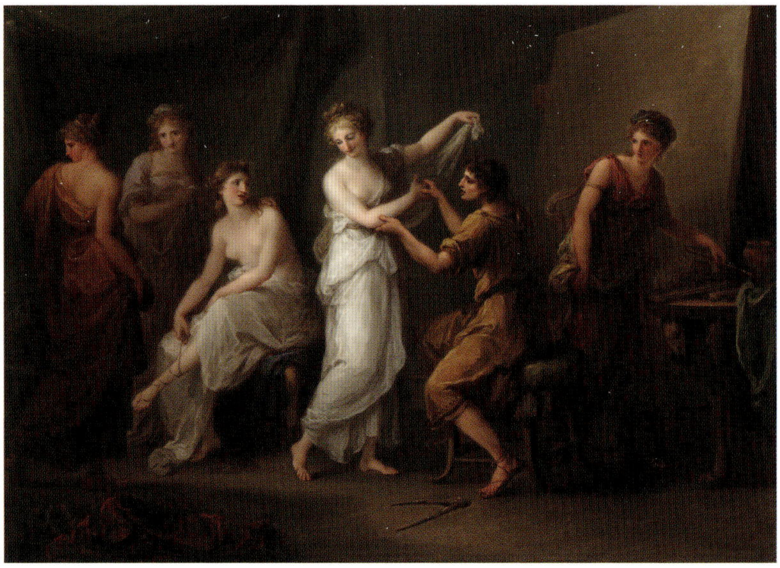

Beauté composite

Le *De Inventione* de Cicéron est le texte fondamental de la conception de la beauté de l'Antiquité jusqu'à l'âge classique. À rebours de la philosophie idéaliste, de Platon à Hegel, qui en fait une manifestation sensible de l'Idée, la beauté, dans la conception cicéronienne, est le résultat d'un processus d'imitation, de sélection et de recomposition. Il s'agit en effet de choisir comme modèle non pas un individu unique, car la beauté parfaite n'existe pas dans la nature, mais de proposer un assemblage d'éléments empruntés à des sources différentes. Au-delà de la reconnaissance des limites de la nature, l'anecdote des *Filles de Crotone* établit le principe d'une beauté composite, où des éléments épars se fondent dans une composition unitaire et harmonieuse. Mais ce que l'anecdote ne précise pas, ce sont les principes qui régissent le passage du multiple à l'unique – la symétrie, la mesure et la proportion – qui assurent, précisément, la cohérence de l'ensemble et définissent ce qui deviendra la pratique artistique académique. Ce n'est qu'avec le collage surréaliste que *« l'hétérogénéité des parties constitutives de l'image deviendra le critère même de la beauté »* (J. Lichtenstein), le choc de la rencontre entre des réalités aussi éloignées que possible étant la garantie de l'effet poétique. Dans ses représentations de nus féminins, Magritte se joue de la règle dans une veine surréaliste. En morcelant les corps et en les réassemblant à la manière d'un photographe ou d'un monteur de cinéma, il décode le mythe à l'aune des modes de production visuelle modernes, en différenciant définitivement sa pratique de la peinture classique et de son *« beau idéal »*.

Ci-dessus :
Angelika Kauffmann,
Zeuxis choisissant des modèles pour sa peinture d'Hélène,
1778, huile sur toile,
79 x 109,3 cm,
Brown University,
Annmary Brown
Memorial Collection.

Page de droite :
L'Éloge de l'espace,
1927-1928, huile sur toile,
81 x 116 cm,
collection particulière.

● *« Zeuxis pour représenter en une muette image l'idéal de la beauté féminine, voulut peindre une Hélène. (…) Zeuxis leur demanda aussitôt quelles belles jeunes filles se trouvaient à Crotone : on le conduisit d'abord au gymnase et on lui montra de nombreux jeunes gens de la plus pure beauté … Comme il admirait vivement en eux la grâce et les proportions :* « Nous avons ici, *lui dit-on,* leurs sœurs encore vierges : tu peux, en voyant leurs frères, te faire une idée de leur beauté. – "Présentez-moi donc, s'il vous plaît, *dit Zeuxis,* les plus belles de ces jeunes filles à titre de modèles pour le tableau promis : c'est ainsi que je pourrai faire passer dans une peinture inanimée la vivante vérité de la nature." *Par décision officielle, ils réunirent les jeunes filles en un seul lieu, et autorisèrent le peintre à choisir librement parmi elles. Il n'en retint que cinq, dont maint poète nous a transmis les noms pour avoir obtenu les suffrages du maître le plus capable d'apprécier la beauté. Il ne crut pas pouvoir découvrir en un modèle unique tout son idéal de la beauté parfaite, parce qu'en aucun individu la nature n'a réalisé la perfection absolue. La nature, comme si elle craignait de ne pouvoir doter tous ses enfants en prodiguant tout au même, vend toujours ses faveurs au prix de quelque disgrâce. »*

Cicéron, *De Inventione*, II, 1-3.

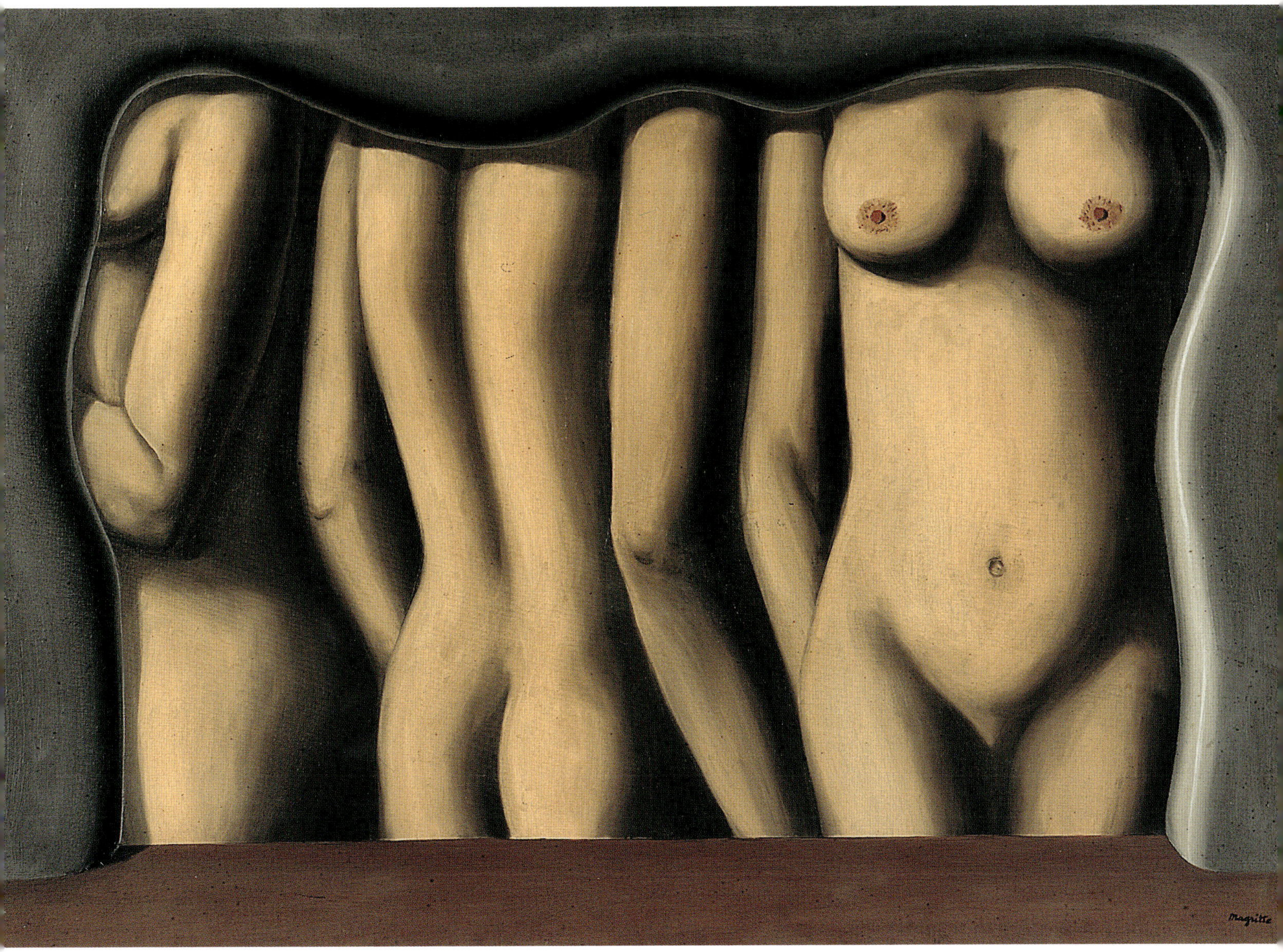

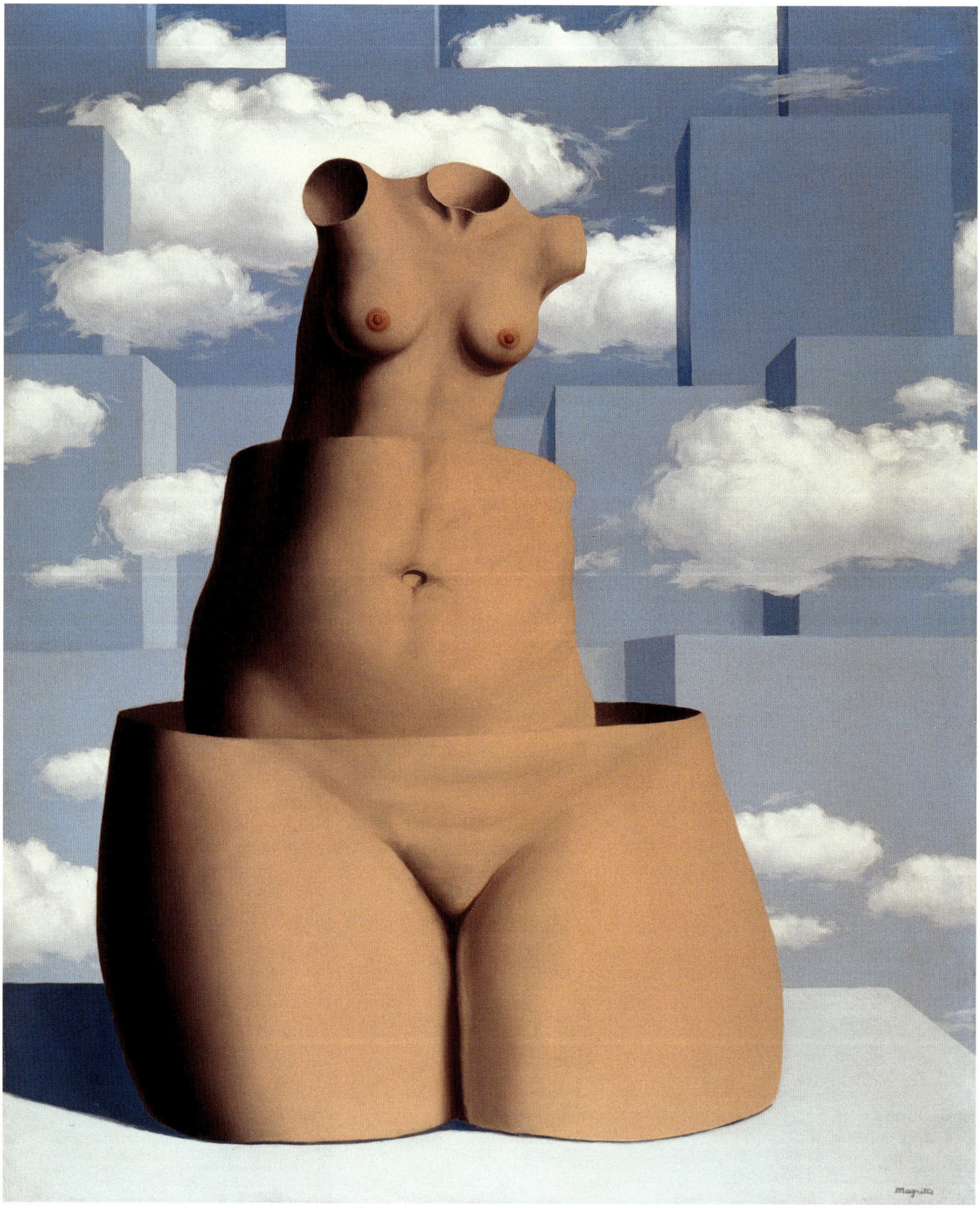

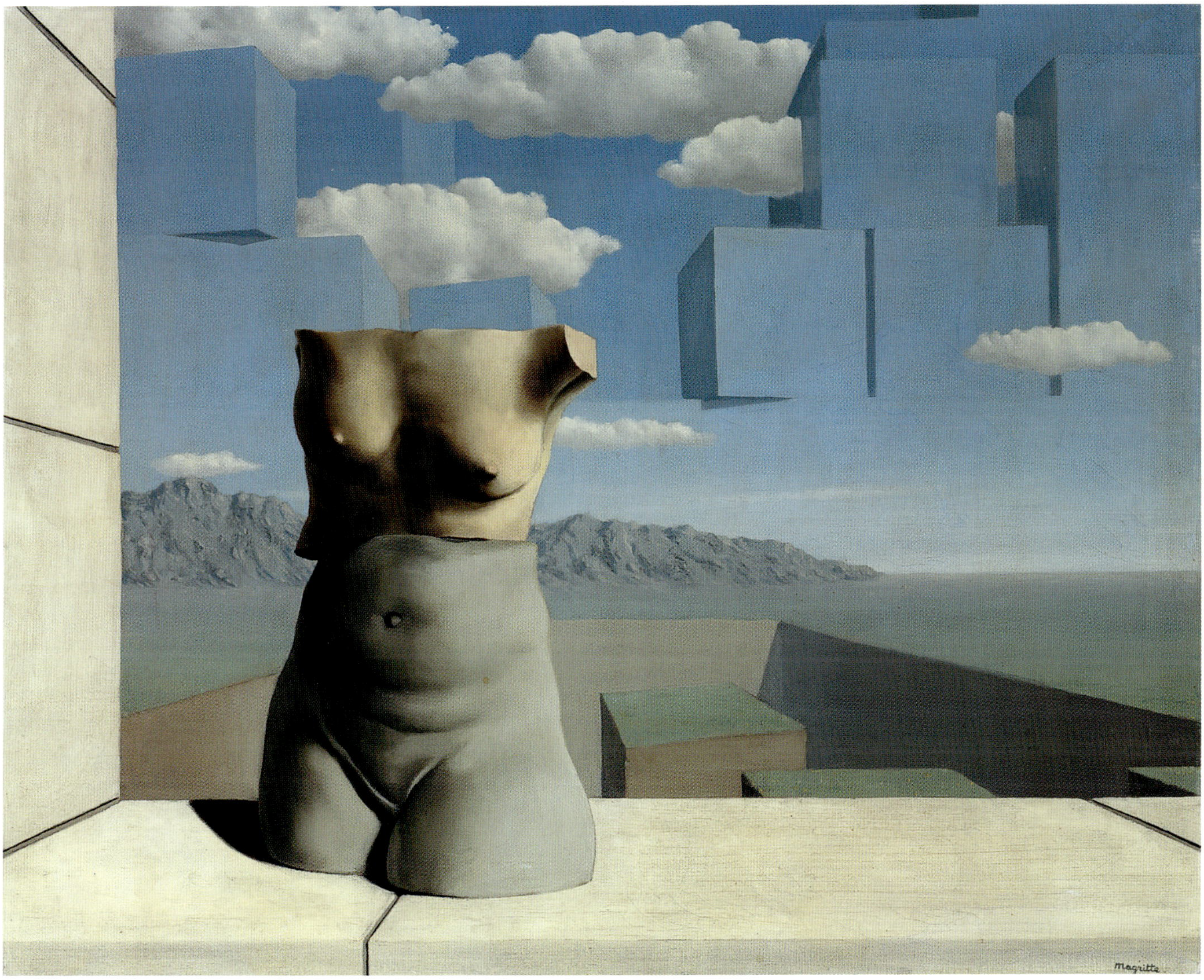

CORPS EN MORCEAUX

Ces deux œuvres sont des références moqueuses aux règles de proportion qui ont régi la représentation de l'espace et du corps humain depuis l'Antiquité jusqu'à l'aube du XXe siècle. Pour Magritte, cet effort de rationalisation de la beauté dans les arts visuels relève de la *« folie des grandeurs »*, autrement dit d'une attitude prétentieuse qui, en définitive, n'est qu'une négation de la diversité et du mystère du réel. Pour mieux mettre en évidence l'absurdité de cette prétention, Magritte utilise des figures géométriques qui fragmentent et organisent ce qui échappe précisément à l'ordre de la raison, le ciel. Le ciel divisé et quantifié en cubes, faisant écho à la division du corps humain qui se joue au premier plan de la représentation, voici une image paradoxale typique de Magritte. Elle tourne en dérision les tentatives vaines de l'homme d'ordonner le chaos et de maîtriser le monde.

Page de gauche : ***La Folie des grandeurs,*** 1962, huile sur toile, 100,3 x 81,3 cm, Houston, The Menil Collection.

Ci-dessus : ***Les Marches de l'été,*** 1938, huile sur toile, 60 x 73 cm, Paris, Centre Pompidou, musée national d'Art moderne.

Beauté composite

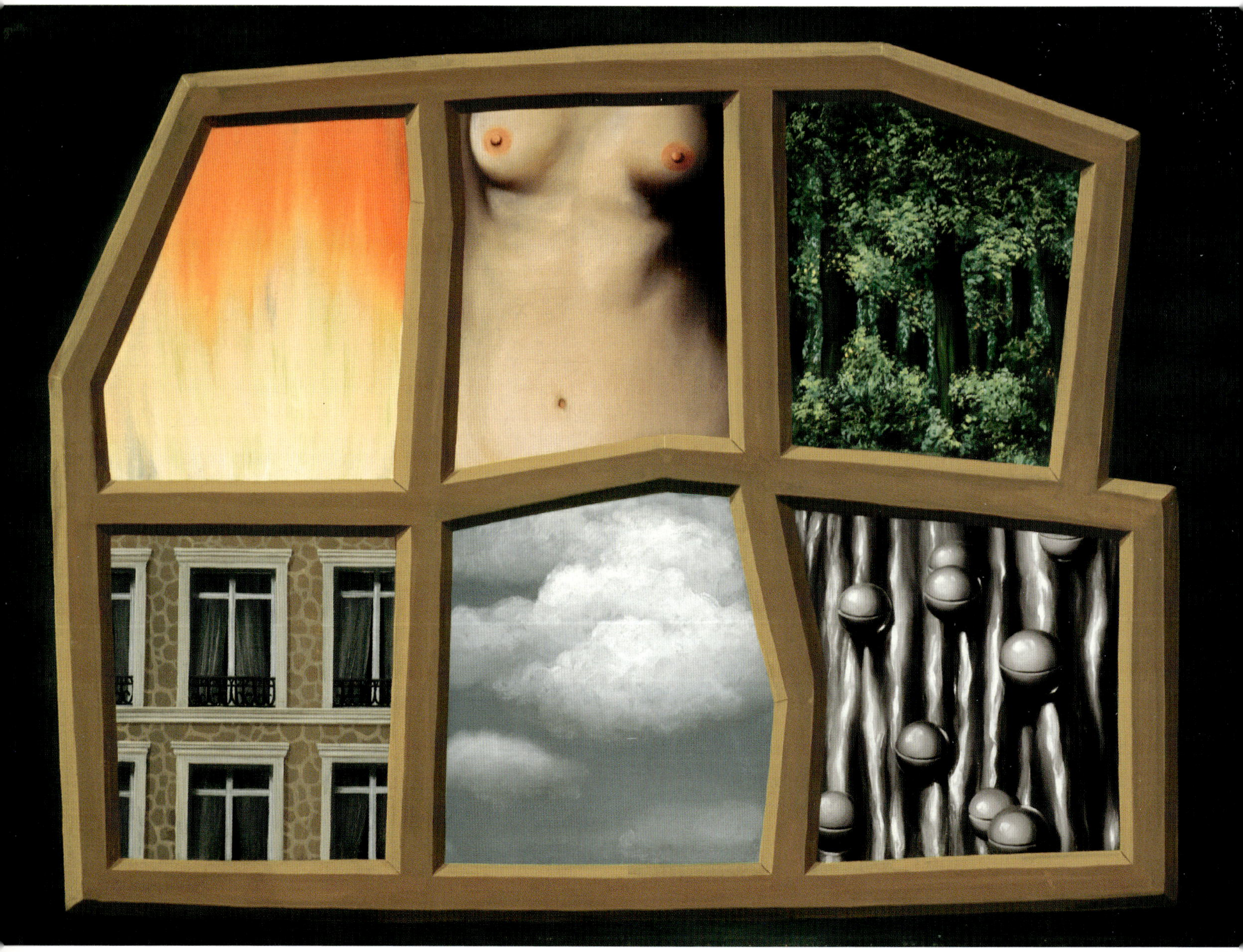

TABLEAUX IMAGES

Réalisée pendant son séjour parisien, cette œuvre fait suite à l'exploration par Magritte des rapports entre mots et images développée dans les tableaux-mots. Dans une composition qui rappelle le principe de séparation et d'emplacement dans des espaces distincts qui présidait précisément au fonctionnement des tableaux-mots, le peintre s'amuse cette fois-ci à illustrer les expressions : *« un mur de flammes », « un arbre qui cache la forêt », « ce n'est qu'une façade », « nu comme la vérité ».* On peut également lire ces images en les associant : *« un ciel de plomb », « une façade nue », « un mur de façade »*... Opposées dans la représentation, elles trouvent un sens dans le langage.

Les Six Éléments, 1929, huile sur toile, 73 x 99,8 cm, Philadelphie, Philadelphia Museum of Art.

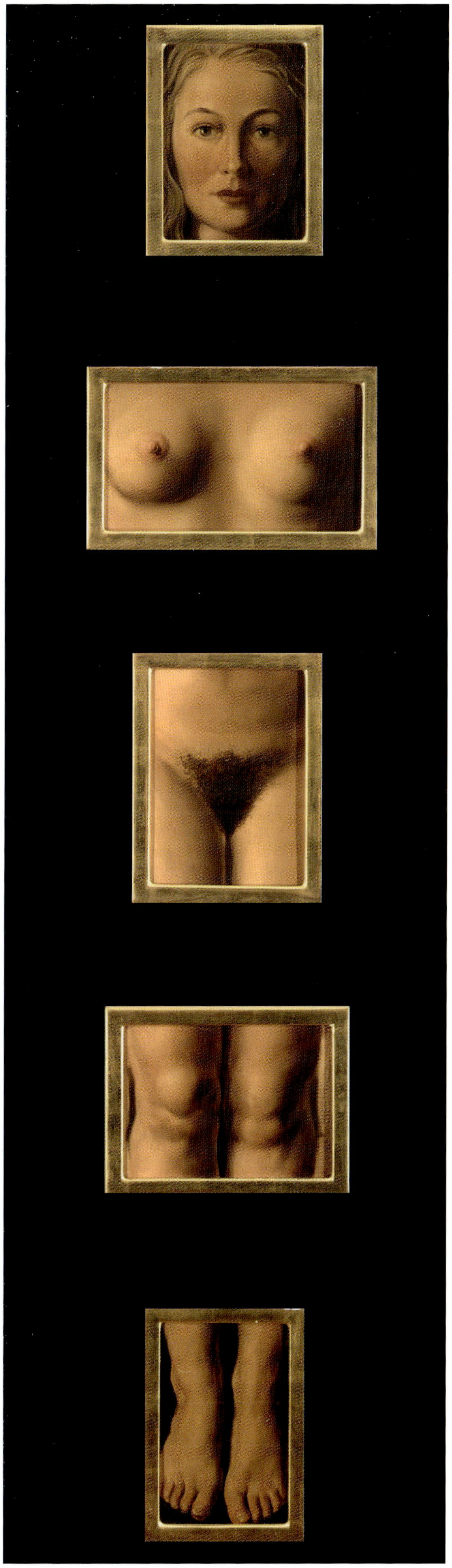

DÉSACRALISER LE NU

Version frontale d'un nu féminin vu de trois quarts que Magritte réalise en 1930, *L'Évidence éternelle* fait partie d'une série de « toiles découpées » qui fonctionnent sur le principe de la fragmentation. La référence au texte cicéronien est évidente. Malgré une technique très académique, le traitement rompt radicalement avec l'iconographie traditionnelle du nu, en même temps qu'il introduit une ambiguïté fondamentale à l'endroit de la peinture : s'agit-il d'une œuvre picturale ou bien d'un objet placé à la verticale et s'apparentant aux enseignes grandeur nature que l'on plaçait, du temps de Magritte, devant les portes des restaurants et des boutiques ? Ce premier effet de désacralisation du nu classique, rendu ordinaire par la référence à la publicité et au commerce, est renforcé par le cadrage serré sur les différentes parties du corps féminin, qui rappelle la photographie et le cinéma. *« Le voyeurisme renforcé de ces gros plans souligne la violence de ces nouveaux modes de représentation et met en évidence la dimension agressive, prédatrice, de l'acte de voir »* (J. Helfenstein). La technique de la toile découpée, loin d'être une simple référence au récit cicéronien, est une façon pour Magritte de bouleverser les codes de la représentation et de questionner le statut de l'image à l'époque de sa reproductibilité technique.

L'Évidence éternelle, 1948, huiles sur toile montées sur carton, 198,1 x 61 cm, New York, The Metropolitan Museum of Art.

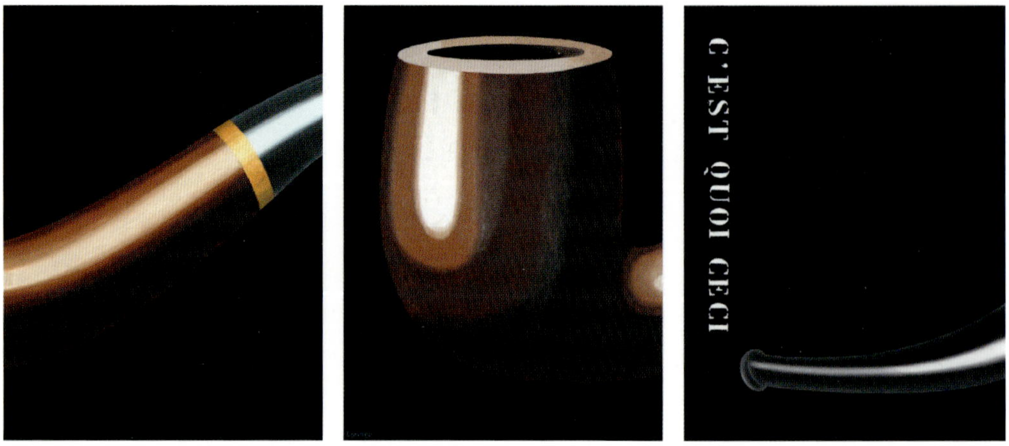

Après Magritte

Depuis Magritte, nombre d'artistes, en Belgique francophone notamment, se sont intéressés aux liens entre images et langage. Ils sont au cœur de l'exposition « Images et mots depuis Magritte » organisée par le Centre Wallonie-Bruxelles de Paris comme un prolongement de celle du Centre Pompidou. Rencontre avec son commissaire, le critique d'art Michel Baudson.

PROPOS RECUEILLIS PAR LUCIE AGACHE

● **Quel est le point de départ de l'exposition « Images et mots depuis Magritte » présentée au Centre Wallonie-Bruxelles de Paris ?**
Depuis la fin des années 1970, j'ai fait de nombreux voyages en Chine et ai noué des contacts avec différents musées et conservateurs. En 2009, lors d'Europalia Chine, j'ai consacré une exposition à Wu Zuoren (1908-1997), l'un des plus importants artistes chinois de sa génération qui avait étudié dans les années 1930 à l'Académie Royale des Beaux-Arts de Bruxelles dont j'ai été le directeur de 2003 à 2008.
Suite à cela, Anne Lenoir, qui dirigeait alors le service culturel de Wallonie-Bruxelles International, m'a demandé un projet à l'occasion du renouvellement de l'accord culturel entre la Chine et la Fédération Wallonie-Bruxelles. Pour celui-ci, j'ai voulu relier la Chine – pays d'écriture, de l'encre, de la tradition de la peinture et de la calligraphie – et Magritte, qui signe en 1929 son manifeste *Les Mots et les Images*. Je souhaitais montrer l'importance de cette relation entre images et langage jusqu'à aujourd'hui. Cette exposition a d'abord été présentée au musée des Beaux-Arts de Wuhan puis au Musée national de Chine à Pékin en 2012-2013. Y figuraient à la fois des artistes de la Fédération Wallonie-Bruxelles et des artistes chinois. Anne Lenoir, devenue entre-temps directrice du Centre Wallonie-Bruxelles à Paris, m'a ensuite recontacté pour me proposer d'organiser une exposition qui aurait lieu en même temps que celle consacrée à Magritte au Centre Pompidou situé juste en face. L'exposition chinoise pouvait en être le parfait prolongement. Il a fallu, bien sûr, la réduire en supprimant les trop grands formats et en limitant le nombre d'œuvres

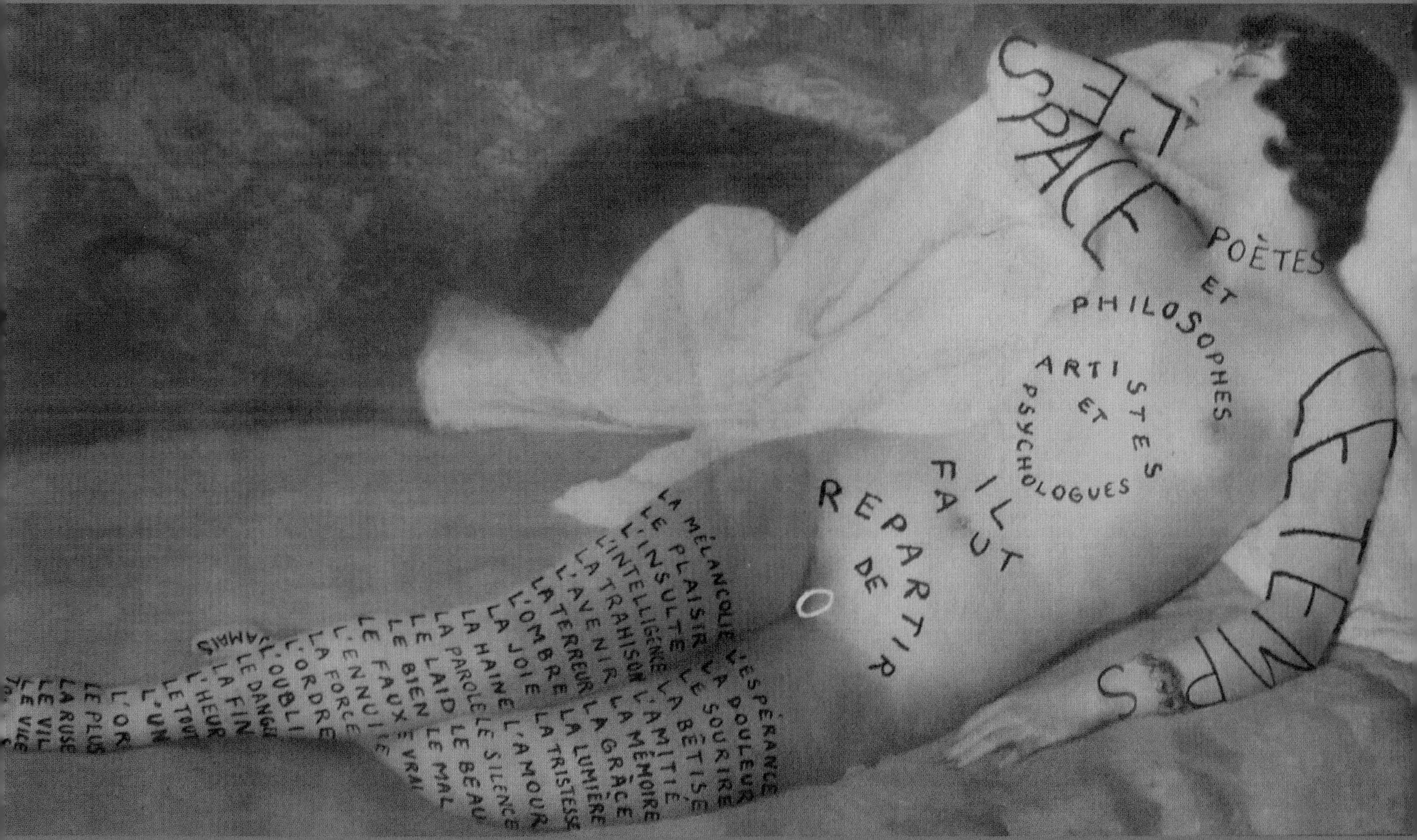

Page de gauche :
Jacques Lennep,
Peinture casse pipe,
2009, huile, acrylique
et craie sur toile,
3 x 64 x 47 cm,
collection Jacques Lennep
d'après l'œuvre ***La Trahison des images*** de René Magritte
(1929).

Ci-dessus :
Marcel Mariën,
L'espace/Le Temps,
1955, photographie et texte,
13 x 21 cm, Bruxelles,
collection particulière.

Après Magritte

par artiste. Comme à Pékin, nous l'avons intitulée « Images et mots depuis Magritte ».

Comment s'articule cette exposition ?
L'exposition s'ouvre sur Magritte avec un original de *La Révolution surréaliste* et son fameux manifeste *Les Mots et les Images ;* trois exemplaires de *Variétés* dans lesquels ont été publiés des dessins de Magritte, dont *La Trahison des images ;* un dessin datant de 1928, *Le masque vide,* publié également dans *Variétés,* et un dessin lithographié représentant Paul Éluard. Deux exemplaires des *Chants de Maldoror* de Lautréamont sont également exposés. Entourant Magritte, j'ai placé face à face le poète, musicien, écrivain et critique d'art, ami intime de Magritte, E. L.T. Mesens et Marcel Mariën. Ce dernier, mal connu en France, était un personnage irrévérencieux qui, lui aussi, jouait avec les mots et les images. Après cette génération des contemporains de Magritte, l'exposition se poursuit par un artiste fondamental : Marcel Broodthaers. Dans sa jeunesse, il a rencontré Magritte et une amitié et une estime mutuelle sont nées, même si, artistiquement, ils sont très différents. Face à Broodthaers, j'ai convié Jacques Charlier, qui a accepté, pour l'exposition, de recréer son tableau *Zone absolue,* tableau que l'on voit dans une photographie le montrant avec Broodthaers. Autre artiste qui a connu Broodthaers et Magritte : Jacques Lennep, qui, lui, est plutôt dans un jeu post-surréaliste. Citons Jacques Lizène, également emblématique de cette génération des années 1970, puis viennent Jacqueline Mesmaeker, Patrick Corillon, Pol Bury, Ann-Veronica Janssens ou Pierre Bismuth. Au centre, deux vitrines abritent des livres d'artistes dont la production actuelle est assez riche. Une petite pièce, sorte de cabinet, est plus liée à la littérature. On y trouve Christian Dotremont, l'un des fondateurs du groupe CoBrA. J'y montre des logoglaces, des logoneiges et des logogrammes... C'est aussi là que je présente évidemment Henri Michaux. Cette section se clôt sur une vidéo de Chantal Maes qui rend hommage à Dotremont.

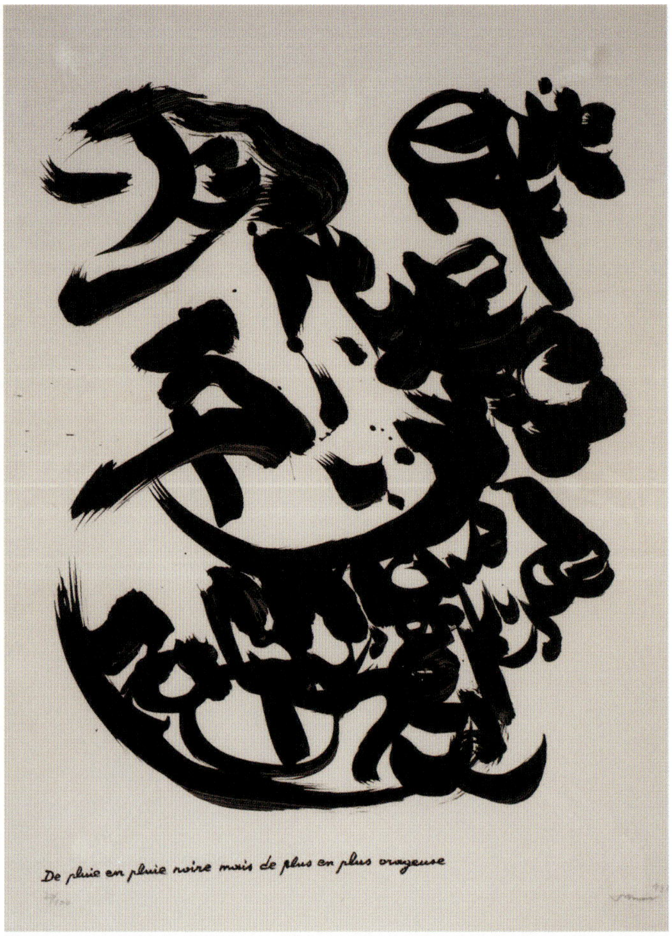

Christian Dotremont,
De pluie en pluie noire mais de plus en plus orageuse,
1977, logogramme, lithographie sur papier, 75,5 x 56 cm, noir et blanc, collection de la Fédération Wallonie-Bruxelles.

Pour quelle raison avez-vous choisi ces artistes ?
Chez eux, la relation images et mots est très assumée, avec différents types d'approche. Finalement, il n'y a presque pas d'œuvres « magrittiennes ». Avec l'omniprésence de la publicité qui a imposé le lien images et textes, l'écrit est devenu une préoccupation centrale dans l'art contemporain.

Tous ces artistes n'ont évidemment pas le même rapport avec les mots...
Pas du tout effectivement. Par exemple, Sylvie Eyberg, qui est plutôt une artiste conceptuelle, efface des parties de texte pour donner une lecture complètement tronquée. Les œuvres de Bernard Queeckers et Djoss Janssens sont également d'inspiration conceptuelle. Chez Pol Piérart, Jean-François Octave ou Patrick Corillon, c'est encore différent. Là, on est plus dans le récit. L'œuvre de Michel François, *The Financial Times,* est beaucoup plus symbolique. Avec Jacqueline Mesmaeker, on est plutôt dans l'allusion et la dimension poétique. J'ai voulu montrer la diversité des pratiques et des approches.

Ces artistes se réclament-ils consciemment de l'héritage de Magritte ?
Je dirais qu'il y a fil mais pas filiation. Chez ses contemporains, il n'est évidemment pas question d'héritage. Tous ces artistes se sont essayés aux mêmes choses au même moment,

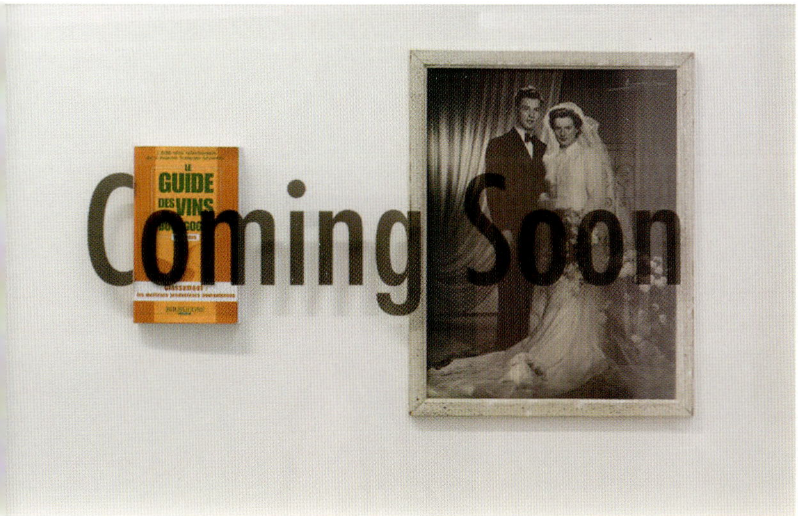

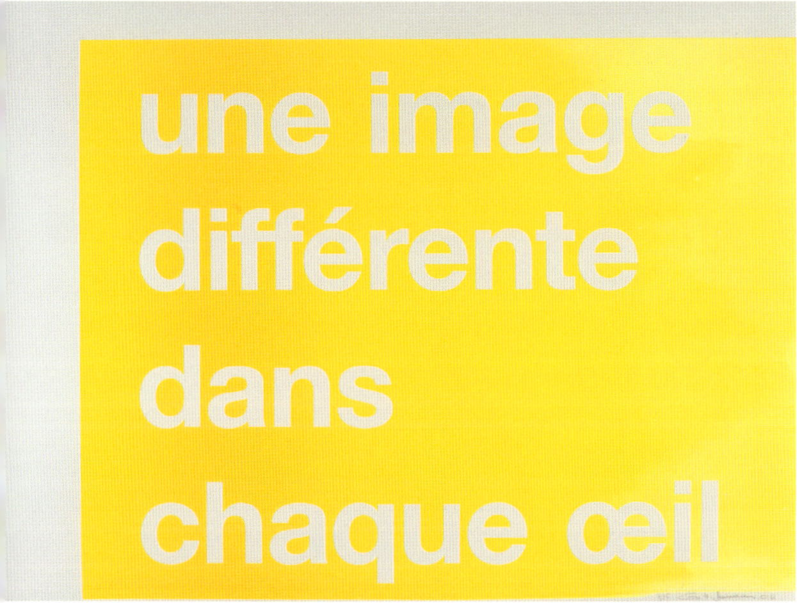

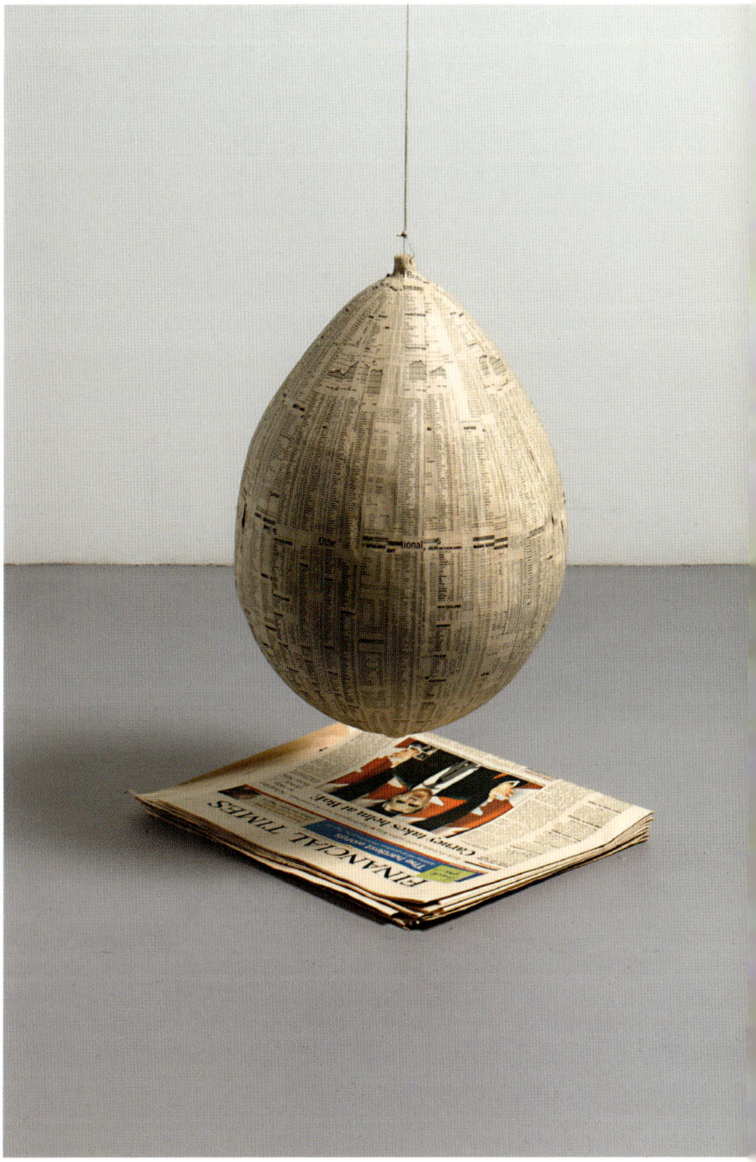

même si c'est Magritte qui a théorisé cette relation. Ensuite, bien sûr, il y a ceux qui ont connu Magritte mais plus on avance dans le temps, moins on peut parler d'héritage. Aujourd'hui, le rapport images et mots dans la création est presque devenu une évidence. Je n'y présente pas Magritte comme un *deus ex machina,* mais plutôt comme un initiateur de cette pensée et de cette forme artistique.

Pensez-vous que l'influence de Magritte soit plus sensible chez les artistes belges francophones que chez les autres ?

Au niveau de la Belgique, oui. Ces artistes ont intégré les gestes magrittiens bien plus que les Flamands. Il y a chez eux un humour sous-jacent et un amour des mots. Du point de vue international, les artistes américains par exemple, comme Jasper Johns, Robert Rauschenberg et les artistes du Pop Art tels Roy Lichtenstein ou Andy Warhol ont tout de suite vu le génie de Magritte. Certains ont été des collectionneurs de la première heure.

Comment cette interaction se manifeste-t-elle aujourd'hui ? Les médias ont-ils changé ?

Les médias changent tout le temps. Je montre de la photographie, de la vidéo… comme celle projetant une diapositive de Joëlle Tuerlinckx, *Le Musée par l'artiste lui-même.* Les mots ont trouvé leur place dans ces nouvelles expérimentations. En photographiant et en filmant en Super 8, Magritte, déjà, s'intéressait à cette évolution constante des pratiques artistiques.

De gauche à droite, et de haut en bas :
Pierre Bismuth, ***Coming soon - Wine / Wedding, Bientôt - Vin / Mariage,*** 2014, livre et photographie, montés sur panneau, encadrés, vinyl sur verre, 73 x 106 cm.

Ann-Veronica Janssens, ***Une image différente dans chaque œil,*** 2006, lithographie, Bruno Robbe Éditions, Bruxelles, collection particulière.

Michel François, ***The Financial Times,*** 1997-2006, ballon, colle, journaux, ficelle, 44,5 x 28 cm, collection de l'artiste.

Repères biographiques

PAR LUCIE AGACHE

21 novembre 1898
Naissance de René-François-Ghislain Magritte à Lessines, dans le Hainaut.

1900-1902
La famille Magritte déménage à Gilly où naissent ses deux frères, Paul et Raymond.

1910-1912
Premières leçons de peinture à l'école d'art municipale de Châtelet. Suicide de Régina Magritte, la mère de l'artiste.

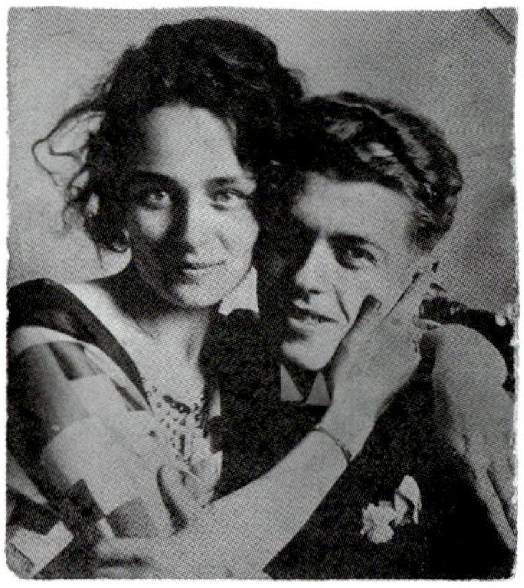

Georgette et René Magritte, 1922.

1913-1917
Première rencontre avec Georgette Berger à la foire de Charleroi. Inscription à l'Académie des Beaux-Arts de Bruxelles où il suit les cours d'Emile Van Damne-Sylva, Gisbert Combaz et Constant Montald.

1918-1921
La famille s'installe à Bruxelles. Magritte réalise une affiche pour le pot-au-feu Derbaix. Rencontre avec le poète Pierre Bourgeois, le peintre Pierre-Louis Flouquet et le pianiste et écrivain E.L.T Mesens. Découverte du cubisme et de l'orphisme qui influencent temporairement son travail. Service militaire au camp de Beverloo, près de Léopoldsburg, puis au ministère de la guerre à Anvers.

1922-1923
Délivré de ses obligations militaires, Magritte épouse Georgette Berger. Il travaille comme dessinateur dans l'usine de papiers peints Peters Lacroix à Haren, sous la direction de l'artiste Victor Servranckx. Ensemble, ils rédigent un manifeste, *L'Art pur. Défense de l'esthétique,* qui ne sera jamais publié.

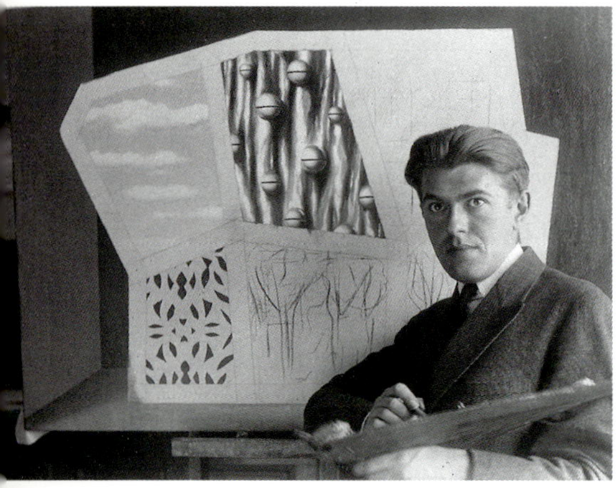

René Magritte posant avec sa palette devant ***Le Masque vide.***

1923
Magritte ressent un choc en découvrant une reproduction du *Chant d'amour* de Giorgio De Chirico (1914).

1924-1925
Magritte et Mesens se rapprochent du groupe dadaïste et en particulier de Francis Picabia. Rencontre avec le poète Paul Nougé, qui devient son ami, ainsi qu'avec les poètes Camille Goemans et Marcel Lecomte.

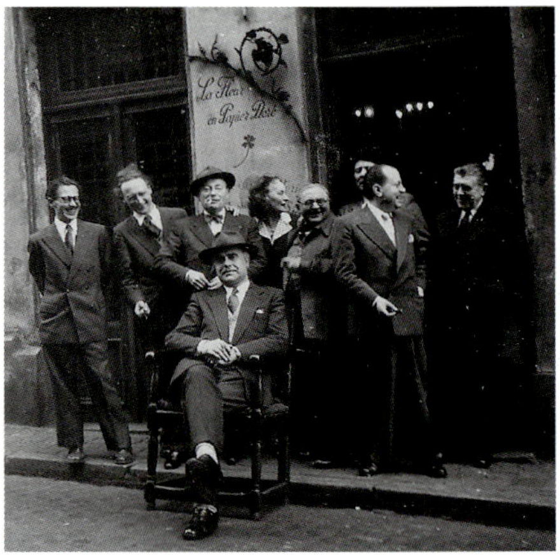

Le groupe des surréalistes belges, mars 1953.

1926
Formation d'un groupe surréaliste belge rassemblant Magritte, Mesens, Lecomte, Nougé, Goemans et le compositeur André Souris. Magritte signe des contrats avec la galerie Le Centaure et la galerie P.-G. Van Hecke à Bruxelles.

1927
Magritte et Georgette s'installent en France au Perreux-sur-Marne où ils fréquentent les surréalistes parisiens. Camille Goemans déménage également à Paris et y ouvre une galerie qui prend en charge la commercialisation de son œuvre.

1929
Dalí invite Magritte et Georgette à passer l'été à Cadaquès (Espagne) en compagnie de Paul Éluard et de Gala. Magritte publie *Les Mots et les Images,* dans le dernier numéro de *La Révolution surréaliste.* Y est également publié le photomontage *La Femme cachée.* Le 14 décembre, Breton et Magritte se disputent.

1930
Suite à la fermeture successive de ses galeries, Magritte rentre à Bruxelles et cherche de nouveau un travail de graphiste. Il crée, avec ses frères, le studio Dongo. Son activité commerciale lui laisse peu de temps pour peindre.

1932-1933
Magritte peint *Les Affinités électives,* qui marque un tournant dans son œuvre.

Page de droite : René Magritte au studio de l'Académie des Beaux-Arts, à Bruxelles.

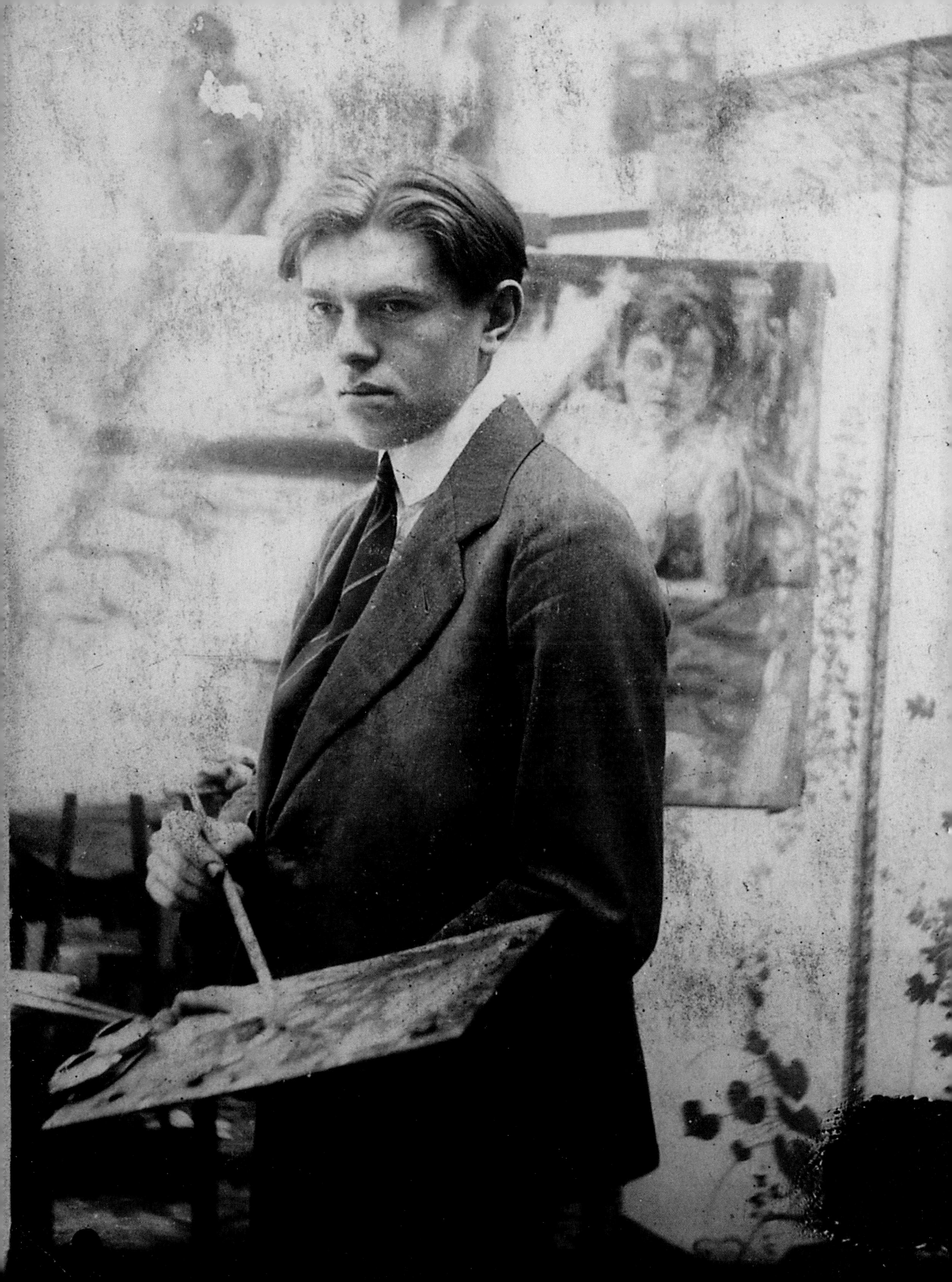

Repères biographiques

1933
Malgré leurs désaccords, Breton invite Magritte à participer à la revue *Le Surréalisme au service de la révolution*. Magritte illustre la couverture de l'ouvrage *Qu'est-ce-que le surréalisme ?*

1938
Magritte donne sa conférence « La Ligne de vie » au Musée royal des Beaux-Arts d'Anvers ; il y expose une démarche raisonnée employée à la résolution de« problèmes ».

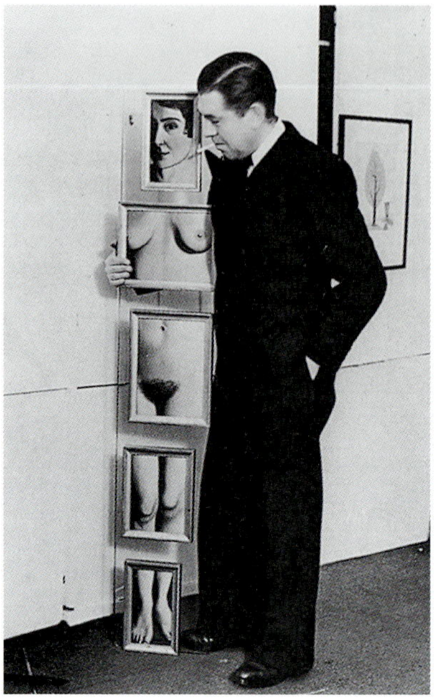

René Magritte faisant mine d'enlacer ***L'Évidence éternelle,*** à la London Gallery, Londres, 1938.

1945
Magritte illustre *Les Chants de Maldoror* de Lautréamont. Il réalise dans le même esprit les illustrations d'un recueil de Paul Éluard, *Les Nécessités de la vie et les Conséquences des rêves*.

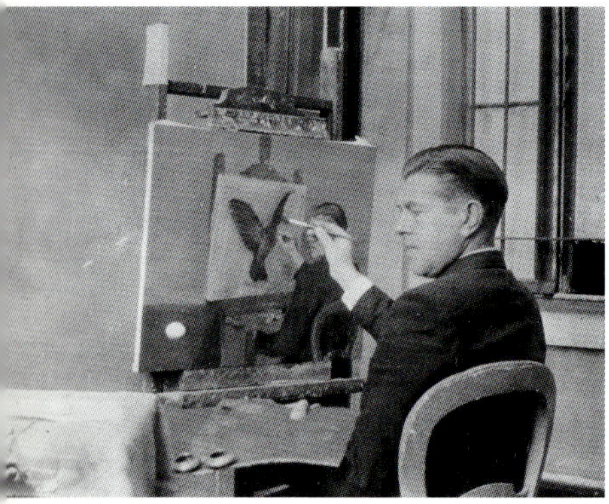

René Magritte peignant ***La Clairvoyance,*** Bruxelles, 1936.

1946
Parution de tracts subversifs anonymes écrits par Magritte et Marcel Mariën : *L'Imbécile, L'Emmerdeur, L'Enculeur.* Ces deux derniers sont saisis par la police. Parution de *Le Surréalisme en plein soleil, Manifeste N° 1,* signé par Magritte, Mariën, Wergifosse, Nougé, Bouquet, Michel et Scutenaire. Il prône une forme dominée par la lumière et le plaisir, inspirée par Auguste Renoir. La désapprobation d'André Breton les fâche de nouveau.

1948
Exposition, à la Galerie du Faubourg à Paris, de toiles de Magritte d'un tout nouveau style dit « vache ». L'exposition reçoit un très mauvais accueil.

1951-1954
Le philosophe belge Alphonse de Waelhens publie dans *Micro-Magazine* une série d'articles intitulés *L'Existentialisme*. Magritte débute une correspondance avec lui et avec le philosophe Chaïm Perelman.

1952
Magritte fonde la revue *La carte d'après nature* qui paraît jusqu'en 1956 sous la forme de cartes postales.

1953
Magritte est sollicité pour réaliser une frise murale, *Le Domaine enchanté,* pour décorer la salle d'honneur du casino de Knokke-le-Zoute.

1954
Suite à l'exposition à la Sidney Janis Gallery de New York, Robert Rauschenberg, Jasper Johns, Roy Lichtenstein et Andy Warhol acquièrent plusieurs œuvres de Magritte. Première rétrospective au musée des Beaux-Arts de Bruxelles.

1956
Il obtient la commande d'une seconde peinture murale pour la salle des congrès au musée des Beaux-Arts de Charleroi. Magritte achète une caméra et réalise plusieurs courts métrages.

Ci-dessous : portrait de l'artiste avec échiquier et bouteille, 1961. Photographie de Charles Leirens.

Page de droite : Portrait de l'artiste.

1966-1967
Michel Foucault publie *Les Mots et les Choses* ; début de la correspondance entre René Magritte et le philosophe, dont l'ouvrage *Ceci n'est pas une pipe,* paraîtra en 1968.

15 août 1967
Magritte s'éteint à Bruxelles alors que se tient une rétrospective de son œuvre au musée Boijmans Van Beuningen.

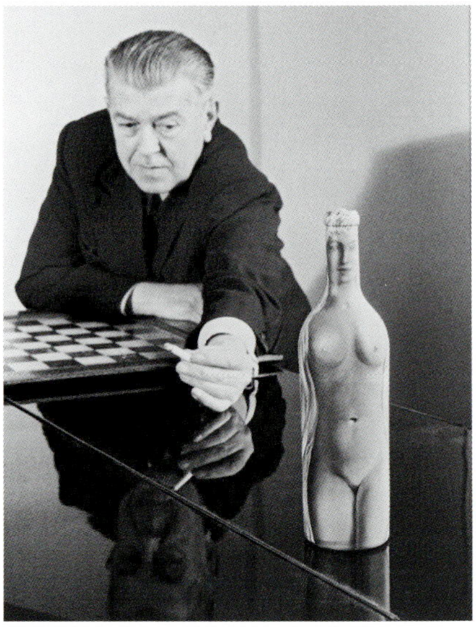

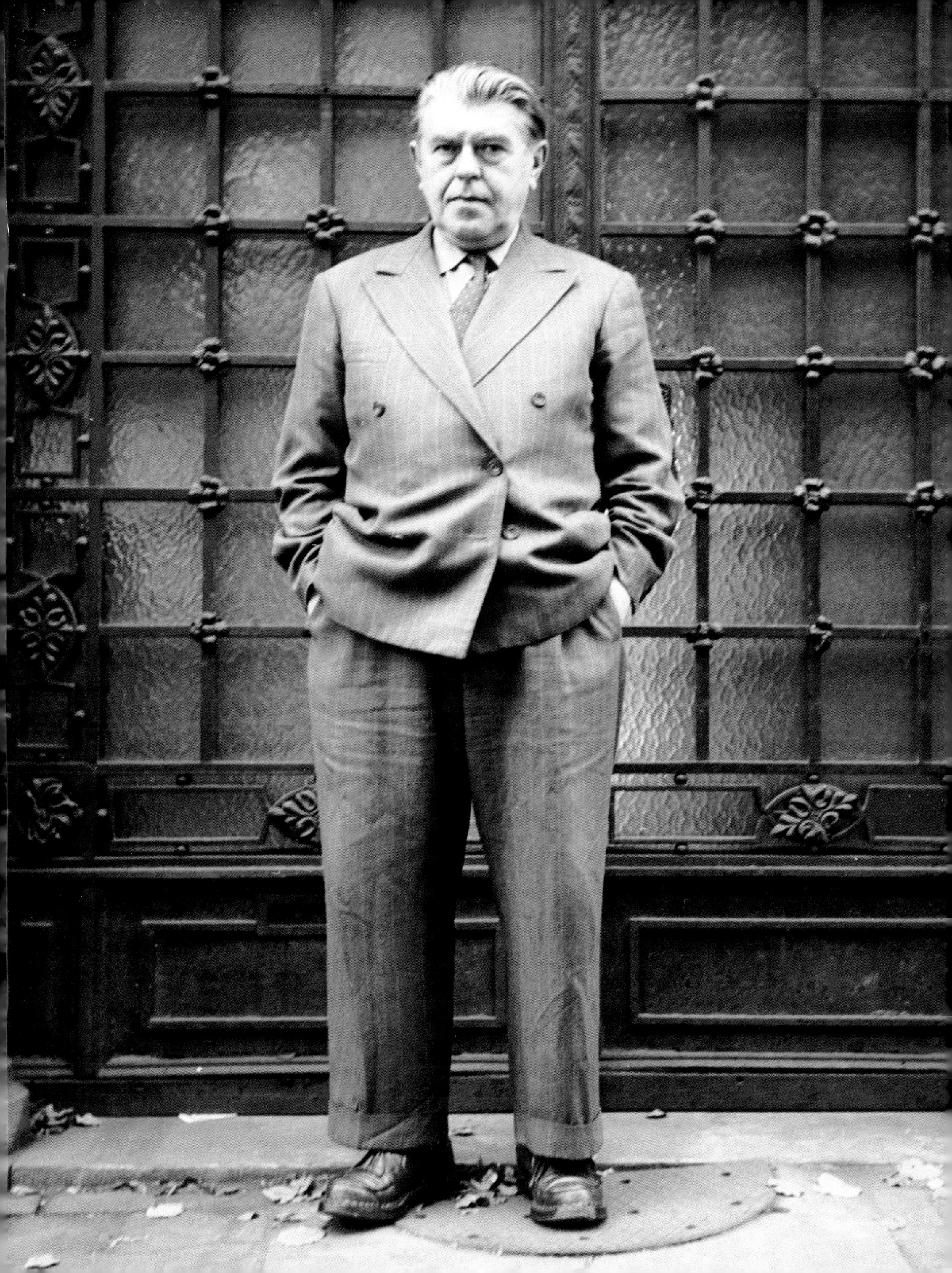

Guide pratique

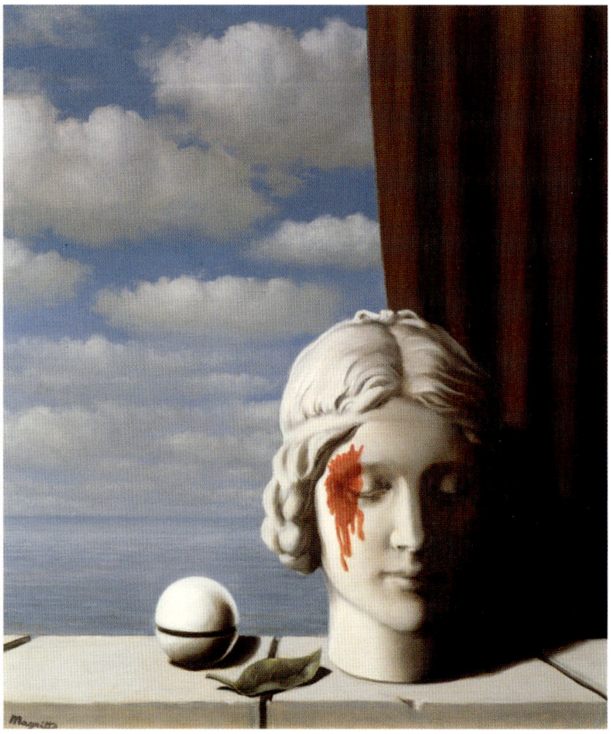

La Mémoire, 1948, huile sur toile, 60 x 50 cm, Bruxelles, propriété de l'État belge en dépôt au musée Magritte.

• L'exposition **« Magritte – La trahison des images »** est présentée du 21 septembre 2016 au 23 janvier 2017 au **Centre Pompidou,** 70004 Paris.
Tél. : 01 44 78 12 33
www.centrepompidou.fr

Horaires
Tous les jours, sauf le mardi, de 11 h à 21 h.

Accès
Métro : ligne 1, station Hôtel-de-Ville, ou ligne 11, station Rambuteau.
Bus : 29, 38, 47.

Commissariat
Didier Ottinger, conservateur du patrimoine, directeur-adjoint du musée national d'Art moderne/Centre de création industrielle.

À lire
Catalogue de l'exposition *« Magritte – La trahison des images »,* éditions du Centre Pompidou, 224 pages, 2016.

• L'exposition **« Images et mots depuis Magritte »** est présentée du 13 octobre 2016 au 29 janvier 2017 au **Centre Wallonie-Bruxelles,** 127-129 rue Saint-Martin, 75004 Paris (face au Centre Pompidou).
Tél. : 01 53 01 96 96
www.cwb.fr

Horaires
Du lundi au vendredi de 9 h à 19 h, samedi et dimanche de 11 h à 19 h.
Fermé les jours fériés.

Accès
Métro : ligne 1, station Hôtel-de-Ville, ou ligne 11, station Rambuteau.
Bus : 29, 38, 47.

Commissariat
Michel Baudson, critique d'art.

Autour de l'exposition
- Projection-rencontre « Jacques Charlier, pirate de l'art » le 7 novembre 2016 à 20 h.
- Projection-rencontre autour de films de Marcel Broodthaers, en présence de Maria Gilissen le 7 décembre 2016 à 20 h.
- Un colloque international, les 11 et 12 janvier 2017, confrontera les recherches entre écriture et arts plastiques de plasticiens belges exposants et celles d'artistes contemporains chinois, dans un riche dialogue avec la Chine, pays de l'encre et de la tradition de la peinture.

> Retrouvez toute l'actualité artistique sur www.connaissancedesarts.com

Nous remercions Céline Janvier, du Centre Pompidou, Ariane Skoda et Emmanuelle Hay, du Centre Wallonie-Bruxelles à Paris, pour l'aide apportée à la réalisation de ce numéro.

Hors-série de Connaissance des Arts
Directeur de la publication-Gérant de SFPA : Francis Morel
Directeur de la rédaction : Guy Boyer @ – Directeur du développement : Philippe Thomas @
Rédactrice en chef adjointe des hors-série et des développements numériques : Lucie Agache @
Rédactrice-iconographe : Diane de Contades @
Chefs de fabrication : Sandrine Lebreton @ et Anaïs Barbet @
Pour ce numéro : Rédactrice en chef adjointe : Lucie Agache @ – Maquettiste : Isabelle de Vassart @
Rédactrice-iconographe : Diane de Contades @ – Secrétaire de rédaction : Fabienne Ancel
Diffusion des hors-série : Jérôme Duteil @ : 01 44 88 55 17
Abonnements et vente au numéro : 01 55 56 71 08
Les personnes dont le nom est suivi du signe @ disposent d'une adresse e-mail, à composer comme suit : initialeduprénomnom@cdesarts.com
Connaissance des Arts est édité par SFPA (Société Française de Promotion Artistique), Sarl au capital de 150 000 €.
Connaissance des Arts est une publication du Groupe Les Échos.
Président-directeur général : Francis Morel – Directeur général délégué : Christophe Victor – Directeur délégué : Bernard Villeneuve – Directrice du pôle Arts et Classique : Claire Lénart Turpin
16, rue du Quatre-Septembre, 75112 Paris Cedex 02 – Tél. : 01 44 88 55 00 – Fax : 01 44 88 51 88 – e-mail : cda@cdesarts.com – 304 951 460 RCS. Paris
Commission paritaire : 1020 K 79964 – ISSN 1242-9198 – H. S. n° 733 – Dépôt légal : 3e trimestre 2016
Photogravure : IGS (L'Isle d'Espagnac) – Impression : Etic (Laval), sur papier certifié issu de la gestion durable des forêts.